Sebastian Dickhaut

Das große Nudelbuch

Sebastian Dickhaut

Das große
NUDELBUCH

Die 125 besten Rezepte
aus aller Welt

Bassermann

INHALT

NUDELN PUR 20

Hier sind Spaghetti, Soba und Fleckerl die wahren Helden, begleitet alla Carbonara oder von Garnelenbutter. Auch zum Selbermachen gibts einiges – von Pasta-Sauna bis Großis Maultaschen.

NUDELN MIT VIEL SAUCE 58

Es darf gelöffelt werden – von Tomatensaucen aller Art bis zum Sugo aus Möhre oder Linse, von Spaghetti Bolognese bis zu handgemachten »Spätzle mit Soß'«.

NUDELN AUS DER PFANNE 100

Von wegen Resteküche: Grüne Omeletts oder eine bunte Tortilla gibts hier ebenso wie Gröstl mit Zander und Tempura mit Meeresfrüchten. Alles aus Nudeln? Na klar! Plus Schupfnudeln aus eigener Hand.

NUDELN AUS DEM OFEN 134

Auflauf ist toll und mit dabei, aber da geht noch mehr im Rohr: Muffins mit Krabben, Margherita mit Fusilli oder Macaroni Cheese. Und Gratins aus selbst gemachten Gnocchi.

NUDELN IN SALATEN UND SUPPEN 168

Lauter Lieblingsrezepte von Pasta Tabbouleh bis zur Goldenen Hühnernudelsuppe. Mit extra viel Gutem aus Asien wie Soba mit Soja-Rettich oder Singapore Laksa.

SPEISEKAMMER 210

Über 70 verschiedene Nudelsorten in Wort und Bild – ihre Besonderheiten, woraus sie bestehen und wie sie am besten schmecken. Mit Rezepthinweisen im Buch zu fast jeder von ihnen.

JETZT!
Nudeln

Willkommen in der wunderbaren Welt der Nudeln! Es gibt wohl keine andere Zutat, mit der sich die Menschen rund um den ganzen Erdball so gerne um den Finger wickeln lassen. Aber was heißt hier Zutat! Das klingt für Nudeln viel zu belanglos. Denn diese verführerischen Dinger, die meist aus nichts anderem als Mehl, Salz, Wasser und vielleicht noch Ei bestehen, sind klare Haupttäter – im besten Sinne. Wer sagt schon »Ich mach dann mal was mit Tomaten«, wenn »Jetzt gibts Spaghetti mit Sonnensugo!« doch viel besser

> ## ALLE LIEBEN NUDELN. DESWEGEN IST NUDELN KOCHEN IMMER EINE GUTE TAT.

klingt. Und so stehen sie im Zentrum dieses Buches.

Über 100 Rezepte helfen, Gutes zu tun

Alle lieben Nudeln: die Italiener ihre Pasta asciutta, die Indonesier ihr Bami goreng, die Japaner ihre Ramen, die Bayern ihre Kässpatzen. Und ganz viele lieben das alles zusammen. Deswegen ist Nudeln kochen immer eine gute Tat, überall und zu jeder Zeit. Und mit diesem Buch helfen wir, Gutes zu tun – mit über 100 Rezepten für Spaghetti, Spätzle oder japanische Soba-Nudeln. Natürlich sind die Klassiker der Pasta-Küche ebenso dabei wie die beliebtesten Nudelgerichte Asiens – authentische Haus- und Lieblingsrezepte, die sich alle gut bei uns machen lassen.

Aber die wahre Magie der Nudel liegt ja darin, dass man mit ihr täglich etwas Neues erfinden kann. Tomatensauce? Lässt sich auch im Ofen, in der Sonne und sogar im Nudelwasser kochen. Spätzle? Schmecken ebenso als Puffer toll oder in einer klaren Erbsensuppe. Auflauf? Warum denn nicht mal als Muffin, mit Gnocchi oder asiatisch zubereiten?

Nudeln selber machen – von Fettuccine bis Schupfnudeln

Was zeigt: Nudeln mit Sauce sind nur der eine schöne Teil dieses Buches. Darüber hinaus gibt es sie hier auch aus der Pfanne, aus dem Ofen, in Suppe und Salat. Und man kann sie wunderbar selber machen – wie das geht von Fettuccine bis Schupfnudeln, steht auf den »Probier's mal«-Seiten. Unsere Lieblingsrezepte finden Sie auf den Seiten in Pink, die wichtigsten Klassiker zeigen sich in tiefem Braun und die Blitzrezepte leuchten in Gelb. Gleich am Anfang erklären wir, was beim Nudelkaufen und -kochen sowie bei der Saucenwahl zählt; am Ende in der »Speisekammer« stellen wir die über 70 Nudelsorten in Wort und Bild vor, mit denen wir in diesem Buch kochen.

Alsdann, ganz gleich ob Sie einen richtig guten Klassiker genießen oder mal was ganz Neues ausprobieren wollen, ob Sie immer schon mal gerne was mit Soba-Nudeln angestellt hätten oder einfach neugierig darauf sind, wie süße Carbonara geht, – fangen wir einfach an mit den guten Taten und kochen uns Nudeln. Jetzt geht's los!

Von Secca bis Soba

Ob beim Italiener oder Asiaten, ob im Feinkostladen oder Supermarkt – die Nudeln der Welt haben ein paar Gemeinsamkeiten wie auch Unterschiede, an denen wir uns gut beim Einkaufen orientieren können.

Nudeln sind ein halbes Fertigprodukt, weswegen es anders als bei Gemüse oder Fleisch nicht DEN Nudelladen für mich gibt – auch ein Supermarkt kann meine Lieblingssorte haben. Um die zu finden lohnt es aber, sich mal abseits der größten Hersteller und günstigsten Angebote durchzuprobieren. Hier sind kleine Läden, in denen es persönliche Beratung gibt, das Internet, das mannigfaltige Informationen und Shops bietet, bis hin zu feinen Manufakturen eine gute Quelle. Zuerst zählt beim Nudelkauf aber das Außen und Innen.

Kaufen nach der Form

Wir könnten hier auch »nach der Verwendung« sagen, denn die Regel »form follows function« gilt sehr stark bei der Nudel. Bestimmte Zubereitungen gelingen am besten mit bestimmten Nudelformaten. Weil es aber am griffigsten und am anschaulichsten ist, folgen wir der Form.

Lange Nudeln Ob italienische Spaghetti, deutsche Eierbandnudeln oder japanische Ramen – lange Nudeln sind weltweit am beliebtesten. Das liegt zum einen daran, dass sie sich am ehesten mit Aromen verbinden, auch wenn diese etwas leichter sind. Aus diesem Grund werden z. B. Miesmuscheln mit Spaghetti und nicht mit Rigatoni serviert.

Ein weiteres Pro für Tagliatelle ebenso wie Hokkien ist, dass sie leicht selbst zu machen sind, zumindest leichter als Farfalle oder Wantans. Und dann ist da noch ihr gewisses Etwas: Gemeinsam Spaghetti zu wickeln oder Udon zu schlürfen inklusive Kleckern verbindet Paare, Freunde und Familien mehr als jede andere Art des Nudelgenusses. Wohl auch deswegen steht in Asien die lange Nudel für ein langes Leben.

Kurze Nudeln Sie sind gefragt, wenn es praktisch und kompakt wird. Da sind als Erstes die Röhren wie Penne, Rigatoni oder kurze Makkaroni, die schön viel Sauce aufnehmen – noch besser, wenn sie gerillt sind (»rigate« sagt der Italiener) und/oder gebogen wie deutsche Eierhörnchen oder italienische Pipe. Auch die muschelförmigen Conchiglie sowie Spiralnudeln und Fusilli sind prima Saucenschlucker. Zugleich geben sie gut Halt, weswegen all diese Kompaktnudeln auch ideal für Aufläufe, Eintöpfe und Salate sind.

Flachere Kurzversionen wie Fleckerl, Farfalle oder Orecchiette gehen besser mit Stücken von Gemüse, Fleisch und Fisch zusammen als mit deren Saucen, weswegen sie am besten zu Gedünstetem und Gebratenem passen und besonders gut zum Gratinieren geeignet sind.

Kaufen nach Inhalt

Der allergrößte Teil der Nudeln auf der Welt wird aus Weizen gemacht, von Spaghetti über Spätzle bis Somen. Doch schon in dieser Gemeinsamkeit trennt sich die Nudelwelt in zwei Hälften – die der Nudeln aus Hartweizen und die der Nudeln aus Weichweizen.

Hartweizennudeln sind vor allem (süd-)italienische Pasta, deren Teig (= pasta) dank der hohen Klebekraft von Hartweizen aus nichts anderem besteht als aus dessen fein gemahlenem Grieß, Salz und Wasser. Letzteres verschwindet beim Trocknen wieder – denn Hartweizennudeln bekommt man eigentlich nur getrocknet, in Italien heißen sie dann »pasta secca«.

Weiter im Norden des Stiefels so wie in Mitteleuropa und auch in großen Teilen Asiens gedeiht der Weichweizen besser, der nicht so viel Klebereiweiß enthält. Deswegen wird den daraus hergestellten Nudeln Ei bzw. Eigelb zugegeben, damit der Teig gut zusammenhält. (Inzwischen gibt es allerdings auch Eiernudeln mit Hartweizen.) Das Ei macht die Nudeln elastischer im Biss und reicher im Geschmack. Eiernudeln werden daher gerne mit kraftvollen Saucen kombiniert und sind stets Basis für alles Gefüllte, von Ravioli bis Maultasche. Frisch gemacht und nur kurz angetrocknet schmecken sie am besten, so kann man sie auch in der Kühltheke kaufen. In Italien steht »pasta

fresca« im Grunde immer für Eiernudeln, bei uns gibt es die oft auch getrocknet. Das Gleiche gilt für Asia-Nudeln aus Weizen, die man in ihrer Heimat auch frisch bekommt – bei uns höchstens Udon und Hokkien im Vakuum-Pack.

Vor allem in Asien gibt es auch eine Reihe von Nudelsorten aus anderen Getreiden, wie Reisnudeln oder japanische Soba aus Buchweizen sowie die meist aus der Stärke von Mungobohnen gemachten Glasnudeln. Sie alle sind auch ideal für Menschen, die kein Gluten vertragen, das in Weizen, Dinkel, Gerste oder Roggen enthaltene Klebereiweiß. Nudeln aus Mais, Hirse oder Soja sind ebenfalls glutenfrei, sie gibt es vor allem im Bioladen. Und Vollkorn-Nudeln? Inzwischen haben sich Herstellung und Geschmack verfeinert, womit sie eine herzhafte Alternative zur Alltagsnudel geworden sind. Mehr zu den einzelnen Nudelsorten und -formen steht in der Speisekammer ab Seite 210.

Das Nudelglück beginnt schon beim Einkaufen – so schön wie die Verpackungen sind.

KOCHEN
Vom Salzen und Sieden

Viel Wasser oder nicht so viel? Vorher oder nachher salzen? Stark oder sanft kochen? Mit Deckel oder ohne? Es gibt viele Wege, Nudeln zu kochen. Wir haben unseren eigenen gefunden. Folgen Sie uns einfach mal.

»Die Nudeln in reichlich Salzwasser nach Packungsaufschrift bissfest kochen.« – Dieser Satz steht in leichten Abwandlungen fast bei jedem Rezept in diesem Buch. Hier erklären wir, was das im Einzelnen heißt – und wo es davon Ausnahmen gibt.

In reichlich Salzwasser ...

Faustregel 1 lautet: Je 100 Gramm Nudeln 1 Liter Wasser verwenden. Faustregel 2: Den Topf nur zu drei Viertel füllen, denn bei mehr kocht's leicht über. Nun rechnen wir für die meisten der 4-Personen-Rezepte in diesem Buch die übliche 500-Gramm-Packung Nudeln – aber der größte Haushaltskochtopf fasst meistens nur 5 Liter. Nudelfreaks kaufen sich dann einen größeren, Pragmatiker (wie wir) wissen, dass es mit ein bisschen mehr Rühren auch im Normalmaß geht.

Auch Faustregel 3 lässt sich anpassen: »1 Liter Wasser = 1 TL Salz« garantiert auf jeden Fall starken Geschmack, aber manchmal und für manche braucht es den gar nicht. Weniger als 3 Teelöffel sollten es aber nicht sein auf 500 Gramm Nudeln, denn sonst schmecken sie fad. Dann lieber auf die Klarheit Asiens setzen, wo Nudelwasser gar nicht gesalzen wird – was für Kontrast bei den stark gewürzten Saucen sorgt und für Harmonie, wenn die Nudeln darin noch kurz gedünstet werden. Es kommt auch auf die Art des Salzes an: 1 Teelöffel feinflockiges Meersalz wirkt weniger als die gleiche Menge unseres üblichen Haushaltssalzes.

Und wann soll das Salz ins Wasser? Vor oder nach den Nudeln? Tatsächlich wirkt es so, als ob das Wasser schneller wieder zum Kochen kommt, wenn das Salz erst gleich nach den Nudeln hineinkommt. Und schnelles Wiederkochen ist gut – mehr dazu gleich. Trotzdem salzen wir lieber zu Anfang – aus Gewohnheit (macht man ja bei den meisten Gerichten so) und damit auch zur Sicherheit (sonst wird es schnell mal vergessen). Ein Hochschalten der Hitze beschleunigt dann ebenso.

... nach Packungsaufschrift ...

Auf den Seiten zuvor und in den Läden der Welt sehen wir: Es gibt nicht DIE Nudel. Und es gibt auch nicht DIE Spaghetti, Reisnudeln, Eierhörnchen. Weswegen auch die Garzeiten flexibel sind. Die kennen die Hersteller am besten und

Nudeln kann man im simpelsten Topf kochen, da braucht's keinen dicken Sandwichboden, damit das Wasser siedet. Und auch keine Spezialzange zum Rausfischen für den Bisstest – ein gutes Küchenwerkzeug aus Holz ist mit seiner rauen Oberfläche ideal dafür.

geben sie auf der Packung an. Nach dieser Anleitung zu kochen heißt jetzt nicht, sich exakt daran zu halten: Sie ist eher der kleinste gemeinsame Nenner, damit keiner sagen kann, »die sind ja noch hart«, Freunde des »al dente« aber trotzdem damit zufrieden sein könnten. Gerade diese wissen aber, dass Geschmäcker verschieden sind und testen daher gegen Ende immer wieder den Biss und gießen ab, wenn ihr Ideal erreicht ist – was oft in kürzerer Zeit als empfoh-

len passiert. Wobei es da auch noch darauf ankommt, was mit den Nudeln am Ende passiert. Doch fangen wir erst mal von vorn an:

Wenn die Nudeln ins Salzwasser kommen, muss es kräftig sprudeln. Dazu kommt es am schnellsten, wenn das Wasser auf höchster Stufe unterm Deckel aufgekocht wird. Der kommt runter, wenn die Nudeln reinkommen, die Hitze bleibt aber auf Höchststufe. Jetzt muss sofort gerührt werden, damit die Nudeln nicht zusammenkleben. Ganz besonders bei Spaghetti, die am besten nach Mikado-Art aufgefächert werden, bevor sie ins Wasser sinken und falls nötig nach und nach von allen Seiten ins Wasser gedrückt werden.

Nach knapp 1 Minute ständigem Rühren reicht es, das nur noch gelegentlich zu machen und die Hitze auf mittlere Stufe zu stellen. Deckel drauf? Kann man machen, wir lassen es, um die Nudeln immer im Blick zu haben, ans Rühren zu denken und ein Überkochen zu vermeiden.

Ein Standsieb mit zwei Griffen und rundum vielen, nicht zu kleinen Löchern, durch die das Wasser schnell abläuft, ist perfekt zum Abgießen von Nudeln.

... bissfest kochen

Es gibt Leute (vor allem Kinder), die mögen ihre Nudeln eher weicher. Die Allermeisten aber wollen sie mit Biss, was bei guten Sorten auch heißt, mit mehr Geschmack. Wir haben bereits davon gesprochen, aber weil es so wichtig ist, gleich nochmal: Im letzten Viertel der Garzeit immer wieder probieren, ob der Biss passt. Also eine Nudel mit Holzlöffel, Gabel oder Zange rausfischen, abkühlen lassen (wir schütteln sie dazu zwischen den hohlen Händen) und zubeißen – ein ganz leichter Teigkern mit feinem Mehlgeschmack im Nudelzentrum ist das Ideal. Dann muss es schnell gehen, weil Nudeln auch ohne Wasser nachgaren: Nudeln in ein Sieb in der Spüle gießen, das am besten in einer großen Servierschüssel steht. Die ist so gleich angewärmt, was vor allem bei Nudeln mit kalten Saucen wie Pesto wichtig ist, die darin mit einem Restschluck Kochwasser vermischt werden. Wer nach guter italienischer Art seine Pasta im Sugo fertig kocht, was einen volleren Geschmack gibt, gießt die Nudeln ab, wenn sie kurz vor bissfest sind – wir geben das in unseren Rezepten dann an.

Gerade bei dieser Methode ist das Abschrecken mit kaltem Wasser gegen Verkleben völlig überflüssig. Anders bei Nudeln für Aufläufe, Suppen oder Salate, die also noch einige Zeit brauchen, bis sie serviert werden – hier verhindert das Abschrecken neben dem Verkleben auch noch das Nachgaren. Auch Asia-Nudeln werden nach dem Kochen mit kaltem Wasser abgekühlt, da sie fast immer erst in Suppen, Saucen oder im Wok ihr Finale haben.

SAUCEN

Von Pesto bis Ragout

Die Nudel und die Sauce sind ein Traumpaar, das sich vor allem in Italien gefunden hat, längst aber in der ganzen Welt für Furore sorgt. Hier ein kleiner Überblick zu dieser Liebesgeschichte inklusive Beziehungstipps für die eigene Küche.

Die ganze Welt liebt Nudeln. Vor allem wenn sie auf italienische Art in Sugo schwelgen (nicht: schwimmen). Ob in Schwaben, wo sich »Spätzle und Soß« sonst beilagenbrav den Teller teilen, oder in Japan, wo Ramen oder Udon stets in die Suppe kommen – bei Pasta e sugo kommt der Genuss vor der eigenen Tradition, und alle sind sich einig, dass die Italiener mit der Verbindung von Spaghetti und Tomaten der Menschheit vielleicht die schönste kulinarische Entdeckung bis Erfindung geschenkt haben – noch vor Parmesan, Pizza und Risotto.

Daher geht es hier vor allem ums Italienische. Und dort gelten drei Grundregeln für die Verbindung von Pasta und Sugo: 1. Der Sugo wartet immer auf die Pasta, nie umgekehrt. 2. Beide werden frühestens im Topf, spätestens in der Schüssel und nie erst im Teller vereint. 3. Der Sugo soll die Pasta sanft überziehen, aber nie bedecken oder gar ertränken. Alsdann, forza pasta asciutta!

Pesto

Klassisch ist das die kalt zubereitete Basilikumsauce aus Ligurien, für die das Grün mit Knoblauch und Pinienkernen gemörsert und mit geriebenem Parmesan oder Pecorino sowie bestem Olivenöl verrührt wird (siehe Seite 22).

Ein guter Mörser ist schwer, damit er beim Zerstoßen stabil steht, und groß genug für mindestens ein Rezept Pesto.

Von dieser perfekten Kombination gibts zahllose Abwandlungen mit Kräutern, Nüssen, Käsen und Ölen aller Art, und auch andere kalte Pasten zu Nudeln aus Fleisch, Fisch oder Gemüse tragen gerne den Namen Pesto, wie am Anfang unseres Rezeptteils zu sehen ist.

Speziell für den Klassiker »alla genovese« und seine nahen Verwandten gilt: Mörsern ist besser als Mixen, weil Letzteres ein Pesto allzu leicht bitter macht. Darum kommt Glasware auch nie an frisches Pesto heran. Die ideale Pasta zum Pesto ist eher fein wie Spaghetti, Linguine, Trennette oder Bavette. Am größten ist der Genuss, wenn die Nudeln noch richtig heiß sind, außerdem kommt beim Mischen in der warmen Schüssel immer ein Schluck Kochwasser dazu.

Pasta mit Pesto schmeckt am besten, wenn die Nudeln noch schön heiß sind. Daher werden diese gleich nach dem Kochen mit dem Pesto gemischt und in vorgewärmten Tellern serviert. Darüber Parmesan und dazu frisches Pesto zum Nachschmecken.

Öl und Butter

»Aglio e olio« (auf Seite 30) ist die wohl berühmteste Verbindung von Nudeln und Öl, das dabei seinen Job als Aromaträger erstklassig erledigt. Gerade bei so puren Kombinationen ist es wichtig, dass alle Zutaten und Handgriffe perfekt sind. Denn wenn nur wenige Dinge nötig sind, um etwas gut zu machen, merkt man ganz schnell, wenn eins der Dinge nicht so gut ist. Wie beim Pesto sind vor allem feine Nudeln wie Spaghetti ideal zum Öl.

»Butter an die Nudeln« ist ein Handgriff, der in Norditalien und auch bei uns in der Küche beliebt ist. Dabei gibt die Butter selbst schon reichlich Aroma weiter, vor allem wenn sie gebräunt wird – kommen dazu dann noch Zwiebel oder Käse (oder beides wie bei Kässpatzen auf Seite 97), braucht's nicht viel mehr. Außer es wäre eine Garnelen- oder Kaviarbutter (Seite 36 und 37). Die Bandbreite der besten Nudeln dazu reicht von feinen Spaghetti über Eierbandnudeln bis hin zu Gnocchi und Schupfnudeln.

Sugo

Der heißt erst mal auf Deutsch Saft, steht aber in Italien wie in der übrigen Welt vor allem für Tomatensauce. Die klassische wird am besten aus frischen, von der Sonne durchgereiften Tomaten gemacht, am zweitbesten aus von der Sonne durchgereift geernteten Dosentomaten (die auf jeden Fall besser sind als vor der Sonnenreife geerntete Frischtomaten) wie bei unserem Rezept für alle Tage auf Seite 60. Viel mehr als Salz, Pfeffer, Olivenöl, Zwiebel sowie vielleicht ein bisschen Knoblauch, Sardellen und Oregano muss dann nicht dran. Und auch wenn die Nonna sie früher stundenlang gekocht hat – wir

mögen sie lieber kürzer gegart und frischer im Geschmack. Aber Nonnas Eigenart, die Pasta nur fast fertig zu kochen und den Rest dann im Sugo zu erledigen, schätzen wir sehr. Spaghetti sind Numero Uno zum Sugo, aber auch kompakte und Röhrennudeln passen gut.

Doch ein Sugo allein wird der Nudel nicht gerecht. Mit Tomate kann man ihn auch im Ofen (Seite 64), in der Sonne (61) oder gar im Nudelwasser (76) kochen, mit weniger oder keinen Tomaten wird er auch fein mit Linsen (72) oder Möhren (75). Hauptsache saftig!

Ragù

Das klingt nicht nur wie Ragout, sondern ist es auch – eine meist mit viel Fleisch und oft lange geschmorte Sauce, die dann entsprechend kraftvoll ist. Die berühmteste ist die Bolognese, die ursprünglich ohne viel Tomaten, dafür mit Milch gekocht wird – so auch hier im Buch (Seite 85). Auch ein Haschee oder ein Wildschweingulasch sind »ragù«, und sie schmecken am besten mit Bandnudeln (oder kompakten Nudeln wie Hörnchen), gerne mit Ei im Teig. Auch zur Sauce aus Bologna gibt es in Norditalien traditionell Eierbandnudeln, die süditalienischen Spaghetti kamen erst bei ihrer Reise um die Welt dazu.

5 EVERGREENS

Gehen immer, mag jeder, gerne auch mal ungewöhnlich

Tomaten

Im Sugo zur Pasta kennen wir sie alle, aber da geht mehr: kalt gerieben zu Rigatoni (Seite 67), mit Meatballs zu Macaroni (Seite 86), in der Nudelpizza vom Blech (Seite 144), im Eintopf mit Pistou (Seite 186).

Speck

Kross gebraten ist er der Nudel oft schon alleine genug und als Pancetta der Pasta ebenso. Wie wär's jetzt noch mit Speckpesto (Seite 29) oder Speckbohnen mit Rosmarin (Seite 113) dazu?

Käse

Frisch geriebener Parmesan gibt fast jeder Pasta noch das Extra, doch er kann auch Hauptsache sein. Etwa bei Kasnudeln (Seite 54), Kässpatzen (Seite 97) oder Macaroni Cheese (Seite 158).

Zwiebeln

Sanft gedünstet durchdringen sie alles mit ihrem Aroma (Seite 33), goldgelb geröstet geben sie den Kick (Seite 97). Die weißen sind schön mild, die roten fruchtiger und Schalotten schärfen dazu.

Sojasauce

Kommen Nudeln aus dem Wok, ist sie fast immer dran, wie beim Bami Goreng (Seite 122). Wir tun sie aber auch ins Korianderpesto (Seite 23), in Kaviarbutter (Seite 37) oder ans Haschee (Seite 88).

JETZT! Nudeln HOCH 5

**5 mal 5 Ideen, wie Sie zum Nudelglück kommen.
Mit Links zu noch mehr Ideen im Buch.**

Udon

Die schneeweißen, schön dicken und leicht schlüpfrigen Weizennudeln aus Japan bereichern kräftige Suppen, z. B. Udon mit Lachs und Gurken (Seite 191). Gibts vakuumiert oder getrocknet in Asialäden.

Orecchiette

Sie sind die rustikalste Pasta im Nudelregal und da relativ neu. Mit gutem Biss und rauer Oberfläche und sind sie prima zum Braten und in Ofengerichten wie Knusper-Kohlnudeln (Seite 147).

5 NEUE BEKANNTE

In ihrer Heimat hoch geschätzt, bei uns eine Entdeckung wert

Magronen

Damit sind eigentlich Makkaroni gemeint, die aber in den Bergen mit Käse am Herd gerührt zu »Älplermagronen« werden (Seite 46). Eine alte Neuentdeckung.

Hokkien

Satt gelb durch Ei, Kurkuma oder – Achtung! – Speisefarbe, gibt es sie frisch vakuumiert (oft mit Öl) oder getrocknet im Asialaden. Toll im Wok oder auch im Salat, z. B. Kalte Hokkien mit Huhn (Seite 178).

Nockerl

Spätzle in klein, die es wie diese in der Kühltheke gibt oder getrocknet im Nudelregal – Letztere kann man dann auch ähnlich wie Reis quellen lassen oder dünsten. Z. B. Eiernockerl mit Paprikahendl (Seite 90).

One-Pot-Pasta

Nudeln, Gemüse, Kräuter und was es sonst noch braucht kommt alles samt Kochwasser in einen Topf, Flamme an, und gut wird's – wirklich! Z. B. One-Pot-Pasta mit Kartoffeln, Bohnen und Pesto (Seite 77).

In Folie

Nudeln werden angegart, dann mit zarten Gemüsen, Meeresfrüchten oder Geflügel und einem Schuss Flüssigem in Folie gepackt und in den Ofen geschoben. Z. B. Nouille Bouillabaisse (Seite 82).

Geschmort

In Asien schätzt man die Methode, Teigtaschen kurz anzubraten und dann mit etwas Flüssigkeit zu schmoren. Etwa japanische Gyoza oder chinesische Jaozi (Seite 208).

5 GEHEIMTIPPS
Was mit Nudeln noch so alles geht außer Kochen

Frittiert

Fadennudeln aus Weizenmehl werden dadurch knusprig, Glasnudeln aus Stärke puffen auf wie Popcorn. Dazu ein kräftiger Dip, fertig ist der Snack. Z. B. Nudeltempura mit Meeresfrüchten (Seite 118).

Gekühlt

Im japanischen Sommer schätzt man frisch gekochte und gleich wieder abgekühlte Nudeln, die mit einem würzigen Dip serviert werden. Z. B. Kalte Soba mit scharfem Soja-Rettich (Seite 177).

Röstbrot

Mangels Parmesan hat man im einst armen Apulien getrocknete Brotkrumen frittiert und über Pasta gestreut. Das schmeckt so gut, dass man es bis heute macht: Spaghetti bianchi (Seite 34).

Sternanis

Einen Stern mit ins Nudelwasser werfen, und es hebt sich das ganze Aroma – nicht nur in Richtung Asien, sondern passend zu allen kraftvollen Gerichten wie Eiernudeln mit Möhren-Sugo (Seite 75).

Sardellen

Gut abgetropft (die mit Öl) oder abgespült (die in Salz) und in Stücke geteilt geben sie Saucenansätzen Würze und sorgen in gebratenen Nudeln für Geschmacksexplosionen: Pasta asciutta (Seite 60).

Zitrone

Ein Spritzer von ihr und Fleischsaucen kriegen was Leichtes, Bratnudeln was Erfrischendes. Die Cedra schmeckt samt Schale: Fadennudeln mit Calamari und Cedra-Zitronen (Seite 117).

5 KICKS FÜRS GRÜN
Was Nudelgerichte mit einem Griff bereichert

Chili

Verleiht der Nudel Feuer, wobei Gemüse- und Fischrezepten eher die grüne steht, Nudeln mit Fleisch und/oder Tomate mögen die rote Schote: Rigatoni mit scharfen Tomaten und Feta (Seite 67).

Frühling: Kräuter

Lieblingsnudeln nach Gusto in Butter oder Öl in der Pfanne braten, dazu eine Handvoll Blätter der Lieblingskräuter – hallo Frühling! Auch gut: Hessisches Nudelomelett (Seite 102).

Sommer: Fisch

Meeresfrüchte in Weißwein mit Safran, Lorbeer und Fenchelsamen dünsten, gegarte Spaghetti dazu – voilà, der Sommer! Auch gut: Nudelgröstl mit Zander und Rucola (Seite 114).

5 JAHRESZEITEN
Ideen für jede Jahreszeit und das ganze Jahr

Herbst: Fleisch

Steak medium rare braten, raus aus der Pfanne und Trauben mit grünem Pfeffer rein, Bandnudeln und Butter dazu, Steakstreifen darüber – servus Herbst! Auch gut: Conchiglie mit Rotweinleber (Seite 89).

Winter: süß

Gnocchi mit Pistazien in Butter braten, zum Schluss kurz noch in Puderzucker und Zimt schwenken – kannst kommen, Winter! Auch gut: Süße Kässpatzen (Seite 98).

Immer: Nudelsalat

An heißen Tagen ein bisschen leichter, an kalten etwas reicher, dabei stets belebend und eine Mahlzeit für sich – so ein Nudelsalat geht immer. Zum Beispiel: Pasta Tabbouleh (Seite 170).

MARKTTRATSCH

Allerlei Nudelwissen

Krieg es Marco Polo auf der Rückreise von Asien? Waren es die Araber auf dem Weg nach Norden? Oder waren es am Ende doch die Italiener selbst, die ihre geliebte Pasta entwickelt haben? Auf jeden Fall waren es ihre Rezepte, die die Pasta-Küche in der ganzen Welt über mehrere Generationen verbreitet und beliebt gemacht haben. Und irgendwann fragt man einfach nicht mehr »Woher kommst Du?«, sondern sagt: »Schön, dass Du da bist.« Der Rest ist Genießen.

»AL DENTE«

steht für »bissfest« und heißt wörtlich »am Zahn«, an dem man die Nudeln dann noch spürt, wenn man draufbeißt.

»FRESCA«

frisch. »Pasta fresca« steht für frische Nudeln, die praktisch immer mit Ei gemacht werden.

»LISCE«

glatt (z.B. »Penne lisce«)

»-ONE/ONI«

Endungen für Pasta, die größer sind als das Original (Spaghettoni).

»RIGATO«

gerillt. So werden Nudeln mit Rillen wie Rigatoni genannt, die so Sauce besser aufnehmen.

»SPRICHST DU PASTA?«

»-INE/INI«

Endungen für Pasta, die kleiner sind als das Original (z. B. Spaghettini).

»GRANO DURO«

Hartweizen, aus dem die meiste (getrocknete) Pasta gemacht wird.

»PASTA«

Teig(-waren)

»MEZZE«

halb, auch kurz. »Maccheroni mezze« sind z. B. die kurze Form.

»SECCA«

trocken. »Pasta secca« steht für getrocknete und damit praktisch für alle Hartweizennudeln.

»JA BITTE!«

Pasta als Hauptspeise: Ja, in der italienischen Dorf-Trattoria sieht es wirklich nicht gut aus, wenn wir uns nur an einen Teller Nudeln halten. Aber mittags zu Hause stellt auch »la mamma« den Kindern gerne einfach nur mal eine Schüssel Pasta hin. Und dass eine echte Lasagne nur Vorspeise ist, können wir einfach nicht glauben. Darum gibts Pasta bei uns oft als Hauptgericht. Dann aber gerne mit Dolci und Espresso hinterher.

Persönlich vor pur: Wir kochen die Bolognese kaum mit Tomate, dafür mit Milch – wie in Bologna. Aber ohne Eierbandnudeln wie in Bologna – weil fast alle Spaghetti Bolognese wollen. Und wir machen eine Blitzbolognese zur blitzschnellen Lasagne – weil's Spaß macht und schmeckt. Wir machen auch einen Schuss Sahne an die Carbonara – weil das leichter zu handhaben und für uns harmonischer ist. Wir machen sogar eine süße Version mit Schuss – weil wir persönlich das Prinzip Carbonara viel zu gut finden für nur ein Rezept. Denn für uns geht im Zweifel bei Pasta persönlich vor pur. Perfekt kann beides sein.

Schüssel und Schalen statt Töpfe auf den Tisch: Wir mögen die italienische wie auch asiatische Art, Nudeln und Saucen gleich zu vermischen. Und wir mögen die Freude, wenn wir mit einer großen dampfenden Schüssel oder kleinen Schalen durch die Küchentür kommen und sie mitten auf den Tisch stellen.

Nudeln in freier Wildbahn, zum Selberkombinieren, Selberprobieren. So sollen sie sein, und nicht in Kochbeuteln, Konservendosen, Tiefkühltüten.
Weil ... wo sollen wir anfangen? Dann lieber gleich:
Viel Spaß mit unseren Rezepten!

TANTE ERIKA RÄT

Ein Leben zwischen Deutschland und Italien und damit ein Händchen für Spätzle und alles »alla mamma« plus einen Sohn in Australien und einen Neffen mit Asien-Fieber – wer könnte für uns eine bessere Nudelexpertin sein als Tante Erika?

Nudeln
pur

Dreimal Pesto

 Das Prinzip ist stets gleich: Aromatische Kräuter werden gemörsert oder gehackt, mit festen oder flüssigen Aromata gemixt und dann kalt mit heißen Nudeln vermischt.

Spaghetti Pesto

Für 4 Personen wird 1 großes Bund Basilikum gezupft, aber nicht gewaschen, da sonst das Aroma verloren geht. Also am besten Bio-Kräuter nehmen. Alternativ kaufen Sie 2 Handvoll sehr aromatische Basilikumblätter (die sind dann eher fest). 2 Esslöffel Pinienkerne in einer trockenen Pfanne bei mittlerer Hitze anrösten, bis sie duften und leicht bräunen, dann auf einem Teller abkühlen lassen.

Inzwischen 2 Knoblauchzehen abziehen und grob würfeln. Die gerösteten Pinienkerne kurz grob hacken, dann mit Basilikum, Knoblauch sowie je 1 Prise Salz und Pfeffer im Mörser zerkleinern. Oder alle Zutaten auf einem angefeuchteten Holzschneidebrett (dann saugt es keine Aromen auf) fein hacken. Mit 125 Milliliter bestem Olivenöl sowie 50 Gramm frisch geriebenem Parmesan mischen und das Pesto abschmecken.

Nun 500 Gramm Spaghetti in Salzwasser bissfest kochen, ein Sieb in eine große Schüssel stellen und die Nudeln dort hinein abgießen – so wird die Schüssel gleich erhitzt. Das Nudelwasser bis auf einen kleinen Schluck wieder aus der Schüssel abgießen, Spaghetti und Pesto hineingeben und schnell mit zwei Gabeln durchmischen. Abschmecken, auf tiefe Teller verteilen und gleich servieren.

Spaghetti mit Senfpesto

Für 4 Personen 1 Bund Schnittlauch sowie 2 Handvoll aromatischen Rucola waschen und trockenschütteln. Den Schnittlauch in Röllchen schneiden, den Rucola fein hacken. Beides mit 5 Esslöffel körnigem Senf, 4 Esslöffel Rapsöl sowie 6 Esslöffel geriebenem Parmesan mischen und das Senfpesto anschließend mit Salz und Pfeffer würzen.

500 Gramm Spaghetti in reichlich Salzwasser bissfest kochen und anschließend in ein Sieb abgießen, das in einer Servierschüssel steht. Das Sieb aus der Schüssel nehmen, die Nudeln abtropfen lassen, das Nudelwasser bis auf einen Schluck aus der nun vorgewärmten Schüssel abgießen. Darin nun die Spaghetti und das Senfpesto mit zwei Gabeln zügig vermischen und gleich servieren.

Reisnudeln mit Korianderpesto

Für 4 Personen von 1 Bund Koriandergrün und
1 Bund Thai-Basilikum oder heimischem Basilikum die Blätter grob hacken. 1 Knoblauchzehe
abziehen und hacken. 1 frische rote Chili der
Länge nach halbieren, entkernen und hacken.
1 Limette heiß abwaschen, die Schale fein
abreiben und den Saft auspressen.

In einem Mörser Kräuter, Knoblauch, Chili und
Limettenschale mit 8 Esslöffel Kokosraspeln
und ½ Teelöffel braunem Zucker zerkleinern.
Dies mit Limettensaft, 8 Esslöffel Sojasauce und
100 Milliliter ungesüßter Kokosmilch (aus der gut
geschüttelten Dose) verrühren. Falls nötig, noch
etwas salzen.

500 Gramm feine Reisbandnudeln in reichlich
ungesalzenem Wasser nach Packungsaufschrift bissfest garen und in ein Sieb abgießen,
das in einer großen Schüssel steht. Die Reisnudeln kurz mit heißem Wasser abspülen. Das
Nudelwasser aus der Schüssel bis auf einen
Schluck abgießen und in der heißen Schüssel
Nudeln und Korianderpesto mit zwei Gabeln
schnell vermischen. Gleich servieren. (Rezeptfoto auf Seite 24)

Ein gutes Pesto entsteht aus besten Zutaten in echter
Handarbeit: der Parmesan frisch gerieben und die Pinienkerne kurz angeröstet, das Basilikum fest und duftig, der
Knoblauch saftig und würzig. Fehlt nur noch feinstes kalt
gepresstes Olivenöl.

Linguine mit Makrelenpesto

 Geräucherte Makrele und gekochte Eier werden mit Dill, Meerrettich und brauner Butter gemixt und dann mit heißer Pasta vermischt.

1. Die Butter in einem Töpfchen schmelzen und leicht bräunen. Von der Kochstelle nehmen.

2. Die Haut von der Makrele abziehen und das Fleisch etwas zerpflücken. Die Eier pellen und würfeln. Den Dill waschen und trockenschütteln, die Spitzen zupfen und hacken. Meerrettich schälen und fein reiben.

3. Alle Zutaten miteinander vermischen und mit einer Gabel grob zerdrücken, zum Schluss den Honig und die lauwarme flüssige Butter untermischen und mit Salz, Pfeffer und Zitronensaft abschmecken.

4. Die Linguine in reichlich Salzwasser bissfest kochen. Die Nudeln dann in ein Sieb abgießen, das in einer großen Schüssel steht, und die Schüssel auf diese Weise vorwärmen. Das Kochwasser bis auf einen Schluck abgießen, nun in der Schüssel die Linguine und das Makrelenpesto mit zwei Gabeln vermengen und gleich servieren.

Zutaten für 4 Personen

50 g Butter

200 g geräuchertes Pfeffermakrelenfilet (oder anderer Räucherfisch wie Forelle, Aal)

2 hart gekochte Eier

1 Bund Dill

1 Stück frische Meerrettichwurzel (2–3 cm)

1 TL Honig

Salz, weißer Pfeffer

Zitronensaft

500 g Linguine

Zubereitungszeit: 20 Minuten

JETZT NOCH WAS!

Frisch gemischt und heiß serviert schmeckt dieses Gericht am besten. Aufwärmen sollte man es nicht, da zu viel Hitze Räucherfisch tranig macht. Lieber mit Zitrone und Öl in raffinierten Salat verwandeln.

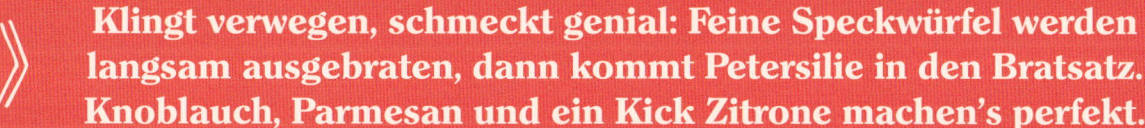

LIEBLINGSREZEPT
Hörnchen mit Speckpesto

Klingt verwegen, schmeckt genial: Feine Speckwürfel werden langsam ausgebraten, dann kommt Petersilie in den Bratsatz. Knoblauch, Parmesan und ein Kick Zitrone machen's perfekt.

1. Den Speck von Schwarte und Knorpel befreien und in dünne Scheiben schneiden und diese in feine Würfel. Die Pfefferkörner grob zerstoßen. Beides in einem kleinen Töpfchen im Öl bei kleiner Hitze braten, bis der Speck knusprig und das Fett ausgelassen ist. Den Speck herausfischen.

2. Die Petersilie waschen und sehr gut trockenschütteln, die Blättchen zupfen. Das Speckfett erhitzen und darin eine Hälfte der Petersilie anbraten. Herausfischen, hacken und samt dem Fett zum Speck geben. Die übrige Petersilie ebenfalls hacken und zum Speck geben.

3. Knoblauch abziehen und fein würfeln, Zitrone heiß abwaschen, die Schale abreiben und den Saft auspressen. Knoblauch, Zitronenschale und -saft samt Parmesan zum Speck geben und alles verrühren.

4. Die Hörnchennudeln in reichlich Salzwasser nach Packungsaufschrift bissfest kochen. In ein Sieb abgießen, das in einer Servierschüssel steht. Das Kochwasser bis auf einen Schluck abschütten und in der nun vorgewärmten Schüssel die Hörnchen mit dem Speckpesto vermischen. Das Gericht abschmecken und gleich servieren.

Zutaten für 4 Personen

- 150 g durchwachsener Räucherspeck
- 10 schwarze Pfefferkörner
- 2 EL Olivenöl
- 1 Bund glatte Petersilie
- 2 Knoblauchzehen
- ¼ Bio-Zitrone
- 5 EL Parmesan, frisch gerieben
- 500 g Hörnchennudeln
- Salz

Zubereitungszeit: 20 Minuten

JETZT NOCH WAS!

Sorry, liebe Vegetarier und Veganer, dass wir hier eines eurer Traditionsrezepte einfach so »anspecken«. Zum Ausgleich gibts auf Seite 72 eine Linsenbolognese.

Spaghetti aglio e olio con peppero

Wenig Zutaten, viel Zeit, bestes Aroma: Knoblauch und Pfeffer ziehen langsam in Olivenöl, das dann mit frisch gekochten Spaghetti gemischt wird. Gut salzen!

1. Die Knoblauchzehen abziehen, halbieren und in dünne Scheiben schneiden. Die Pfefferkörner grob zerstoßen. Beides mit dem Olivenöl und 1 kräftigen Prise Salz in einem Töpfchen mischen und bei kleinster Hitze zugedeckt 10–15 Minuten ziehen lassen, ohne dass der Knoblauch bräunt.

2. Den Topf von der Kochstelle ziehen und das Pfeffer-Knoblauch-Öl am besten noch 1 Stunde stehen

Zutaten für 4 Personen

4 Knoblauchzehen
10 schwarze Pfefferkörner
8 EL bestes Olivenöl
Salz
500 g Spaghetti

Zubereitungszeit:
20 Minuten + 1 Stunde Durchziehen

lassen, damit sich das Knoblaucharoma voll entfaltet – 1 Tag schadet auch nichts.

3. Die Spaghetti in reichlich Salzwasser unter Rühren nach Packungsaufschrift bissfest kochen. In ein Sieb abgießen, das in einer Servierschüssel steht, und gut abtropfen lassen. Spaghetti zurück in den Topf geben und auf der ausgeschalteten Kochstelle mit dem Knoblauchöl vermischen, dabei das Töpfchen gründlich mit Spaghetti auswischen. Das Gericht mit Salz und Pfeffer abschmecken und sofort in der vorgewärmten Schüssel servieren.

JETZT NOCH WAS!

Der Klassiker hier mit viel »pepo« statt mit »peperoncini«. Frisch zerstoßen natürlich, genauso wie der Knoblauch frisch sein sollte. Je purer ein Rezept, desto wichtiger ist die Qualität der Zutaten.

Asia-Nudeln mit scharfem Kürbis

 Scheiben vom Hokkaidokürbis marinieren in Curryöl, dann werden sie mit Asia-Nudeln und Limette im Wok gebraten.

1. Ingwer schälen, Knoblauch abziehen und beides fein würfeln. Die Lauchzwiebeln waschen und putzen, dann in feine Ringe schneiden. Limette heiß abwaschen, trockenreiben, die Schale dünn abreiben.

2. 4 Esslöffel Öl im Wok oder in einem kleinen Töpfchen erhitzen. Darin die vorbereiteten Zutaten mit der Currypaste und dem Zucker bei mittlerer Hitze unter Rühren 2–3 Minuten braten. Das übrige Öl dazugeben, alles in eine Schale gießen und beiseite stellen (siehe Tipp).

3. Den Kürbis waschen und halbieren, dann die Kerne entfernen. Die Hälften samt Schale in schmale Spalten schneiden und diese quer in kleine Streifen schneiden. Den Kürbis mit dem Curryöl mischen. Die Limette auspressen.

4. Die Nudeln in reichlich ungesalzenem Wasser nach Packungsaufschrift bissfest kochen, abgießen und mit kaltem Wasser abspülen.

5. Inzwischen den Wok oder eine große Pfanne stark erhitzen und darin den Kürbis samt Curryöl unter Rühren in 2–3 Minuten bissfest braten. Mit Salz würzen. Die Nudeln mit dem Limettensaft dazugeben und bei mittlerer Hitze unter Rühren 1 Minute braten, bis sie heiß sind. Gleich servieren.

Zutaten für 4 Personen

1 Stück frischer Ingwer (2–3 cm)

1 Knoblauchzehe

2 Lauchzwiebeln

1 unbehandelte Limette

100 ml Pflanzenöl (am besten Kokosöl aus dem Asialaden)

1 EL rote Currypaste

1 TL brauner Zucker

1 kleiner Hokkaidokürbis (500 g)

500 g asiatische Weizennudeln

Salz

Zubereitungszeit: 20 Minuten

JETZT NOCH WAS!

Das Curryöl schmeckt noch aromatischer, wenn es über Nacht durchzieht. Es lässt sich auch auf Vorrat in größeren Mengen zubereiten und hält verschlossen und gekühlt mehrere Wochen.

Kopfsalatfleckerl mit Kernöl

 Ein schnelles Ragout aus Kopfsalat und Gürkchen samt Thymian wird mit Nudelfleckerln gedünstet und mit Ziegenkäse sowie Kürbiskernöl vollendet.

1. Die Zwiebeln abziehen und würfeln, dann mit 1 kräftigen Prise Salz vermischen und beiseite stellen. Thymianzweige waschen und trockenschütteln, die Blättchen abstreifen.

2. Kopfsalat putzen, dabei die großen dunklen Außenblätter entfernen. Den Salat samt Strunk längs und quer in etwa 2 cm große Stücke passend zu den Nudelfleckerln schneiden.

3. Die Gurken je nach Größe der Länge nach halbieren oder vierteln und in Scheiben schneiden. Den Käse in etwa 1 Zentimeter große Würfel teilen. Die Kürbiskerne in einer trockenen Pfanne 1–2 Minuten unter Rühren rösten, herausnehmen und abkühlen lassen. Grob hacken.

4. Das Pflanzenöl bei mittlerer Hitze in die Pfanne geben und darin die Zwiebeln mit dem Thymian zugedeckt dünsten. Inzwischen in einem

Zutaten für 4 Personen

2 rote Zwiebeln, Salz

5 Zweige Thymian (oder 1 TL getrockneter)

1 kleiner Kopfsalat (oder 2 Kopfsalatherzen)

50 g Gewürzgurken

50 g möglichst fester Ziegen- oder Schafskäse (z. B. Ziegengouda)

2 EL dunkle Kürbiskerne

2 EL Pflanzenöl

1 EL Gewürzgurkensud

500 g Nudelfleckerl oder breite Bandnudeln, in Stücke gebrochen

weißer Pfeffer

4 EL Kürbiskernöl

Zubereitungszeit: 20 Minuten

großen Topf reichlich Salzwasser für die Nudeln zum Kochen aufstellen.

5. Nun die Zwiebeln offen bei mittlerer bis starker Hitze unter Rühren in 1–2 Minuten leicht bräunen. Die Nudeln in reichlich Salzwasser nach Packungsaufschrift bissfest kochen und abgießen.

6. Kopfsalat und Gurken samt Sud zu den Zwiebeln geben und kurz erhitzen, dann die Nudeln dazugeben und alles kurz vermengen, dabei mit Salz und Pfeffer würzen. Zum Schluss den Käse und das Kernöl untermischen und das Gericht gleich servieren.

BLITZREZEPT
Spaghetti bianchi

Knoblauch, Olivenöl und Butter verbinden sich im Töpfchen zu einer hellen Creme, die frisch gekochte Spaghetti überzieht. Parmesan drunter und Röstbrot drüber – bitte gemeinsam genießen.

1. Vom Weißbrot die Rinde entfernen und die Krume zerrupfen. Den Knoblauch abziehen. 1 Zehe mit 7 Esslöffel Öl in der Pfanne auf mittlere Stufe erhitzen. Die Brotkrumen auf 1 oder 2 Portionen hineingeben und goldgelb rösten. Herausnehmen und auf Küchenpapier geben. Die Pfanne auswischen.

2. Den übrigen Knoblauch fein würfeln und im übrigen Öl bei

**Zutaten
für 4 Personen**

4 Scheiben italienisches Weißbrot
5 Knoblauchzehen
125 ml Olivenöl
50 g weiche Butter
500 g Spaghetti
Salz
100 g Parmesan, frisch gerieben
weißer Pfeffer

Zubereitungszeit:
20 Minuten

kleinster Hitze 5 Minuten zugedeckt dünsten, ohne zu bräunen. Den Topf von der Kochstelle ziehen, die Butter hineingeben und schmelzen lassen. Zugedeckt beiseite stellen.

3. Spaghetti in reichlich Salzwasser nach Packungsaufschrift bissfest kochen, dann in ein Sieb abgießen, das in einer großen Servierschüssel steht. Das Kochwasser bis auf einen kleinen Schluck abgießen und in der Schüssel die abgetropften Nudeln mit dem Butteröl mischen, dann den Parmesan unterziehen und mit Salz und Pfeffer würzen. Röstbrot daraufstreuen und das Gericht servieren.

JETZT NOCH WAS!

Frittierte Brotkrumen waren einst ein günstiger Parmesan-Ersatz im Süden Italiens, inzwischen sind sie eine günstige und schnell gemachte Delikatesse für sich. Am besten frisch!

Linguine mit Garnelen-Vanille-Butter

Garnelenschalen werden mit Vanille, Zitrone und Knoblauch in Butter ausgekocht, in der dann frische Pasta mit Garnelenfleisch und Estragon dünsten.

1. Garnelen von Kopf und Schale befreien. Diese gründlich abspülen und abtropfen lassen. Garnelenschwänze längs halbieren, die dunklen Därme entfernen. Das Garnelenfleisch kurz abspülen, kühl stellen.

2. Estragon abspülen und trockenschütteln. Die Blätter zupfen, Stiele in Stücke schneiden. Vanille der Länge nach halbieren und das Mark auf dem Brett mit dem Messerrücken herausschaben, Schote in Stücke schneiden. Knoblauch abziehen und in Scheiben schneiden, Pfeffer grob zerdrücken. Zitrone heiß abwaschen, die Schale dünn abreiben.

3. In einem kleinen Topf die Butter schmelzen. Alle vorbereiteten Zutaten außer Garnelenfleisch und Estragon mit 1 Prise Salz dazugeben und 15 Minuten bei kleiner Hitze köcheln lassen, dabei öfters umrühren. Auf der ausgeschalteten Kochstelle 1 Stunde ziehen lassen.

Zutaten für 4 Personen

400 g frische Garnelen samt Kopf und Schale

5 Zweige Estragon

½ Vanilleschote

½ Knoblauchzehe

½ TL weiße Pfefferkörner

¼ Bio-Zitrone

100 g Butter

Salz

500 g Linguine

Pfeffer

Zubereitungszeit:
1 Stunde + 1 Stunde Ziehen

4. Die Garnelen-Vanille-Butter in ein Sieb gießen, unter dem eine große Pfanne steht. Mit einer Schöpfkelle oder einem Kochlöffel die Schalen gut ausdrücken. Linguine in reichlich Salzwasser nach Packungsaufschrift gerade bissfest kochen, abgießen.

5. Die Garnelen-Vanille-Butter erhitzen, Garnelen, Estragon und Linguine zugeben und bei mittlerer Hitze unter Rühren 1 Minute garen. Dabei die Zitrone darüber auspressen. Mit Salz und Pfeffer abschmecken und gleich servieren.

JETZT NOCH WAS!

Garnelenbutter kann auch in größeren Mengen im Voraus zubereitet werden, aus im Laufe der Zeit eingefrorenen Garnelenschalen. Sie hält sich verschlossen im Kühlschrank mehrere Wochen.

Soba-Nudeln mit Kaviarbutter

Nach Kräuterbutterart werden Kerbel und Forellenkaviar verbunden, dies kommt auf frisch gekochte Buchweizennudeln zusammen mit Sesamsalz.

1. Den Kerbel waschen und gut trockenschütteln, die Blättchen abzupfen. Die Zitrone auspressen und den Saft samt Sojasauce und Kerbel mit der weichen Butter vermengen. Nun den Kaviar behutsam daruntermischen. Beiseite stellen.

2. Die Pfefferkörner grob zerstoßen, mit dem Sesam und dem Salz in einer Pfanne goldbraun rösten und abkühlen lassen.

3. Die Soba-Nudeln nach Packungsaufschrift in reichlich ungesalzenem Wasser bissfest garen. In ein Sieb abgießen und ganz kurz mit heißem Wasser abspülen.

4. Soba auf vier Schalen verteilen, je 1 Esslöffel Kaviarbutter daraufgeben und die Sesammischung darüberstreuen. Gleich servieren.

Zutaten für 4 Personen

1 Handvoll frischer Kerbel

¼ Bio-Zitrone

½ TL Sojasauce

60 g weiche Butter

4 EL roter Forellenkaviar

1 TL schwarze Pfefferkörner

1 EL Sesamsamen

½ TL grobes Salz (am besten Meersalz, noch besser Fleur de Sel)

400 g japanische Soba (Buchweizennudeln)

Zubereitungszeit:
20 Minuten

Wie bei Spaghetti Pesto zählt hier, dass die Soba ganz heiß sind. Am besten kurz vor Garende für die Nudeln die Schalen mit je einem Schöpfer Kochwasser erwärmen. Aber natürlich wieder raus damit, bevor die Soba reinkommen!

TANTE ERIKA RÄT

GARNELE TRIFFT VANILLE

Spaghetti Carbonara

Pancetta brät knusprig in Olivenöl mit etwas Knoblauch, frisch gekochte Spaghetti verbinden sich mit Ei, Parmesan und ein bisschen Sahne, dann kommt alles zusammen.

1. Den Speck in dünne Scheiben und dann quer in feine Streifen schneiden. Diese mit dem Öl in einem kleinen Töpfchen bei kleiner Hitze in 3–4 Minuten knusprig ausbraten. Inzwischen den Knoblauch abziehen, würfeln und zum Schluss kurz mitbraten, ohne dass er bräunt.

2. Die Spaghetti in reichlich Salzwasser nach Packungsaufschrift fast bissfest kochen.

Zutaten für 4 Personen

100 g aromatischer durchwachsener Speck, am besten luftgetrockneter (z. B. Pancetta)

2 EL Olivenöl

1 Knoblauchzehe

500 g Spaghetti

Salz

3 Eier

3 EL Sahne

50 g Parmesan, frisch gerieben

weißer Pfeffer

Zubereitungszeit: 20 Minuten

3. Währenddessen die Eier mit Sahne und Parmesan glatt rühren.

4. Die gegarten Nudeln in ein Sieb abgießen, das in einer großen Servierschüssel steht. Die Nudeln zurück in den Topf geben, auf der ausgeschalteten Kochstelle mit dem Speck samt Öl vermischen, das Töpfchen gründlich mit Nudeln auswischen.

5. Den Topf von der Kochstelle ziehen, die Eiermischung untermengen, sodass sie die Nudeln glänzend überzieht – sie sollte weder suppig im Topf stehen noch durch zu starke Hitze gerinnen. Das Gericht mit Salz und Pfeffer abschmecken, das Wasser aus der Schüssel gießen und die Spaghetti darin servieren.

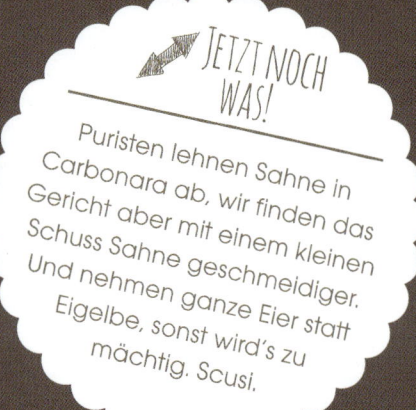

JETZT NOCH WAS!

Puristen lehnen Sahne in Carbonara ab, wir finden das Gericht aber mit einem kleinen Schuss Sahne geschmeidiger. Und nehmen ganze Eier statt Eigelbe, sonst wird's zu mächtig. Scusi.

Süße Carbonara

Eggnog meets Carbonara: Spaghetti werden wie gewohnt gekocht, dann aber mit einer süßen Eiermischung aus Rum und Whisk(e)y nach Carbonara-Art vollendet und mit knusprigen Sultaninen serviert.

1. Die Spaghetti in reichlich Salzwasser nach Packungsaufschrift fast bissfest kochen.

2. Inzwischen in einer großen Pfanne im Öl die Butter bei mittlerer Hitze schmelzen. Sultaninen dazugeben, mit ½ Esslöffel Zucker bestreuen und bei starker Hitze unter Rühren braten, bis sie prall und knusprig sind. Die Sultaninen aus der Pfanne nehmen und beiseite stellen. Eier mit übrigem Zucker, Rum und Whisk(e)y glatt verrühren.

3. Die gegarten Nudeln in ein Sieb abgießen, das in einer großen Servierschüssel steht. Das heiße Wasser aus der Schüssel abgießen. Die Pfanne wieder erhitzen, die Nudeln hineingeben und unter Rühren bei kleiner Hitze garen, bis sich der Bratsatz gelöst hat.

Zutaten für 4 Personen

500 g Spaghetti
Salz
2 EL Öl
2 EL Butter
4 EL Sultaninen
4 ½ EL Zucker
3 Eier
2 EL Rum
2 EL Whisk(e)y
frisch geriebene
Muskatnuss

Zubereitungszeit:
20 Minuten

4. Pfanne von der Kochstelle ziehen und die Eiermischung darübergießen, zügig mit den Nudeln vermengen, bis sie alles glänzend überzieht. Die Nudeln in die warme Schüssel geben, Sultaninen darüberstreuen und Muskat darübermahlen. Das Gericht gleich servieren.

JETZT NOCH WAS!

Eine Mehlspeise auf Italienisch, bei der sich spielen lässt: Ein guter Grappa oder Brandy machen sich ebenfalls gut darin und geröstete Pinienkerne oder Mandelblättchen darüber sind auch fein.

BLITZREZEPT Pasta Pisi

Nach Risotto-Art werden Risoni-Nudeln mit Erbsen gegart, zum Schluss kommen viel frische Kräuter und Zitrone dazu. Parmesan kann, muss aber nicht darüber.

1. Frische Erbsen aus den Schoten palen, gefrorene auftauen. Die Zwiebel abziehen und fein würfeln, die Gemüsebrühe aufkochen.

2. In einem Topf die Hälfte der Butter zerlassen und bei mittlerer Hitze die Zwiebelwürfel darin zugedeckt andünsten. Dann die Erbsen und die Risoni zugeben und unter Rühren 1–2 Minuten andünsten. Die heiße Brühe zugießen, das

Ganze salzen und umrühren. Zugedeckt bei kleiner Hitze 12–15 Minuten quellen lassen.

3. Inzwischen die Kräuter waschen und trockenschütteln, die Blätter zupfen und hacken. Die gehackten Kräuter samt der übrigen Butter und dem Zitronensaft zu den gegarten Risoni geben und 1 Minute rühren, bis sich alles gut verbunden hat und schön cremig ist. Die Pasta Pisi abschmecken und gleich – nach Wunsch mit Parmesan – servieren.

Zutaten für 4–6 Personen

1 kg frische Erbsen in Schoten oder 300 g gepalte bzw. tiefgekühlte Erbsen

1 weiße Zwiebel

1,5 l Gemüsebrühe (selbst gekocht oder Fond aus dem Glas)

70 g Butter

500 g Risoni (reiskornförmige Nudeln, s. Seite 229)

Salz

1 Handvoll aromatische und nicht zu herbe Salatkräuter wie Basilikum, Dill oder Zitronenmelisse

1 TL Zitronensaft

nach Wunsch frisch geriebener Parmesan

Zubereitungszeit: 45 Minuten

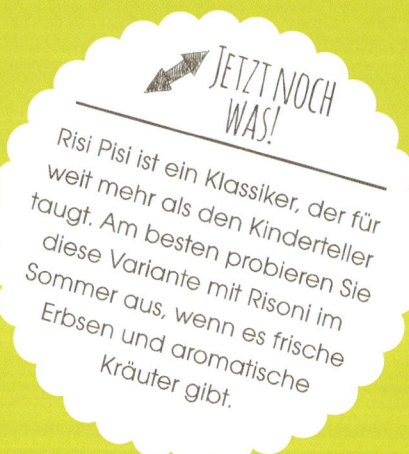

JETZT NOCH WAS!

Risi Pisi ist ein Klassiker, der für weit mehr als den Kinderteller taugt. Am besten probieren Sie diese Variante mit Risoni im Sommer aus, wenn es frische Erbsen und aromatische Kräuter gibt.

Linsen mit Spätzle

Tellerlinsen werden ganz klassisch mit einer Mehlschwitze gebunden und mit Essig und Senf abgeschmeckt, dazu gibts Spätzle und in der traditionellen Version »Saitenwürste«.

1. Die Linsen in einem Sieb gründlich mit kaltem Wasser abspülen. Die Zwiebel halbieren und abziehen. Auf eine Hälfte das Lorbeerblatt mit den Nelken festspicken. Die andere in feine Würfel schneiden.

2. Die Linsen mit der Brühe und der gespickten Zwiebel aufkochen und in 10–15 Minuten noch nicht ganz bissfest kochen. In ein Sieb gießen und die Brühe auffangen, es sollten 500 Milliliter sein. Sonst noch mit Brühe oder Wasser auffüllen. Die gespickte Zwiebelhälfte wegwerfen.

3. Die Zwiebelwürfel in der Butter zugedeckt 2–3 Minuten andünsten. Das Mehl einrühren und die Mehlschwitze dünsten, bis sie leicht bräunt. Von der Kochstelle ziehen und die Brühe mit dem Schneebesen einrühren.

Zutaten für 4 Personen

200 g braune Tellerlinsen

1 Zwiebel

1 Lorbeerblatt

2 Gewürznelken

800 ml Gemüsebrühe

2 EL Butter

2 EL Mehl

500 g Spätzle aus der Tüte (oder frisch zubereitete aus 500 g Mehl, Rezept Seite 95)

Salz

2 EL Weinessig

1 EL mittelscharfer Senf

weißer Pfeffer

Zubereitungszeit:
45 Minuten

4. Die Spätzle in reichlich Salzwasser bissfest kochen. Inzwischen die Brühe unter Rühren einmal aufkochen, die Linsen dazugeben. Dies noch 8 Minuten kochen lassen, dabei öfters rühren. Essig und Senf einrühren und die Linsen mit Salz und Pfeffer abschmecken.

5. Die Spätzle in ein Sieb abgießen und mit den Linsen servieren. Je nach Geschmack kann man die Spätzle in einen Teller geben und die Linsen darüberschöpfen oder beides nebeneinander servieren. Traditionell wird dieses Gericht in Schwaben mit »Saitenwürsten« serviert, die Wienern ähneln.

Älplermagronen

 »One Pot Noodles« aus den Bergen: Kurze Makkaroni garen mit Kartoffeln in einem Milchsud und werden dann mit Käse und Röstzwiebeln kurz überbacken.

1. Kartoffeln schälen, in grobe Würfel schneiden. 2 EL Butterschmalz in einem großen Topf schmelzen und darin unter Rühren die Kartoffelwürfel 2–3 Minuten braten.

2. Die Nudeln 1 Minute mitbraten, dann mit Milch und Brühe aufgießen, mit Salz und Pfeffer würzen und unter gelegentlichem Rühren bei mittlerer Hitze 12–15 Minuten köcheln lassen, bis die Kartoffeln gar und die Nudeln bissfest sind.

Jetzt noch was!

Beim Braten der rohen Kartoffeln und trockenen Nudeln stets rühren, damit nichts anklebt oder anbrennt. Auch bräunen soll beides nicht, daher die Hitze klein halten.

Zutaten für 4 Personen

400 g vorwiegend festkochende Kartoffeln

60 g Butterschmalz

250 g kurze Makkaroni

½ l Milch

¼ l klare Brühe

Salz, weißer Pfeffer

2 kleine Zwiebeln

300 g aromatischer Käse, z. B. Emmentaler oder Gruyère, frisch gerieben

Butter für die Form

Zubereitungszeit: 45 Minuten

3. Inzwischen die Zwiebeln halbieren, abziehen und in Halbringe schneiden. Diese in einem Topf im übrigen Butterschmalz zugedeckt bei kleiner Hitze in 5 Minuten weich dünsten, dann offen bei stärkerer Hitze unter Rühren bräunen.

4. Den Ofen auf 220 Grad vorheizen (Umluft 200 Grad). Die gegarten Älplermagronen mit 200 Gramm geriebenem Käse vermengen und in eine gebutterte Auflaufform füllen.

5. Die Zwiebeln und den übrigen Käse darüber verteilen und alles auf der mittleren Schiene für gute 5 Minuten in den Ofen schieben, bis der Käse geschmolzen ist und zu bräunen beginnt. Das Gericht gleich servieren.

PROBIER'S MAL:

EIERNUDELN SELBER MACHEN

Eiernudeln sind die gemütlichen Vertreter in der Pasta-Familie, sowohl in der Küche wie am Tisch. Sie lassen sich leichter selbst machen als Hartweizennudeln, für die ein besonderer Grieß nur mit Wasser verknetet wird. Und Eiernudeln werden oft in reicher Begleitung serviert, Fleischragouts oder Sahnesaucen etwa. Wegen ihrer Elastizität sind sie auch die Basis fürs Füllen von Maultaschen bis Ravioli.

Das wird gebraucht

Es gibt spezielle Nudelmehle mit einem besonderen Gehalt an Klebereiweiß, die Puristen sehr schätzen. Für den Hausgebrauch tut es aber unser Weizenmehl der Type 405 auch sehr gut. Zusammen mit Eiern geht es eine elastische und gehaltvolle Verbindung ein. Die Faustregel lautet 1 Ei auf 100 Gramm Mehl. Mit weniger wird es hart, auch das Kneten. Ab 500 Gramm kann noch 1 Ei oder Eigelb dazukommen. Das Eiweiß lässt den Teig mehr quellen, wer es kompakter und bissfester mag, nimmt 2 Eigelb statt 1 Ei.

Je 300 Gramm Mehl wird ½ Teelöffel Salz genommen, macht bei 1 Kilogramm also 1 ½ bis 2 Teelöffel Salz. Wird dieses vorab mit dem Eigelb bzw. Ei verrührt und etwas stehen gelassen, werden die Nudeln gelber. Auch 1 kleine Prise Zucker hilft dabei. Oft kommt noch ein Schuss Öl oder Wasser zum Teig.

So wird's gemacht

Wer's ganz traditionell will, nimmt nur Hände, Mehl und einen Teigroller. Dem Rest empfehlen wir eine kraftvolle Küchenmaschine mit einem starken Teighaken und eine Nudelmaschine für den Handbetrieb. So oder so werden erst die Eier mit Salz und eventuell Öl oder Wasser glatt gerührt, dann aufs Mehl gegeben. Das Ganze wird so lange verknetet, bis ein glatter und seidiger Teig entstanden ist. Dieser wird zur Kugel geformt, in Klarsichtfolie gewickelt und für 1 Stunde in der Küche in Ruhe gelassen (traditionell: mit Olivenöl bestrichen und unter eine Schüssel gestülpt).

Dann den Teig mit Nudelholz (viel Mehl daran und auf der Arbeitsfläche) oder Teigmaschine dünn ausrollen. Ihn nach Rezept zuschneiden und formen, anschließend auf stark bemehlter Fläche oder bemehltem Tuch bzw. auf einem Gitter trocknen lassen – mindestens 15 Minuten bis 1 Stunde.

Gut gegart

Frische Nudeln müssen in besonders viel Wasser kochen, damit sie nicht zusammenklumpen. 1 Teelöffel Salz je Liter ist die Regel, je nach Trockenzeit brauchen die Nudeln 1–5 Minuten. Dann mit einer Schaumkelle behutsam herausheben, abtropfen lassen und vollenden. Werden sie noch in Sauce mitgegart, kommen sie entsprechend früher aus dem Wasser.

Sauna-Pasta

Eine Zuhauseversion des Rezepts der Künstlerin Marije Vogelzang für ihre Pasta Sauna: Nudelteig wird in langen Bändern gekocht und dann mit Petersilie, Zitrone und Parmesan direkt beim Servieren vollendet.

1. Aus Mehl, Eiern, Öl und ½ Teelöffel Salz einen glatten Teig kneten. Diesen in 2 Kugeln teilen und zugedeckt 30 Minuten ruhen lassen. Petersilie waschen und trockenschütteln, dann grob hacken.

2. In einem großen Topf reichlich Salzwasser aufkochen. Den Teig mit der Nudelmaschine oder einem Teigroller zu langen, etwa 10 Zentimeter breiten Bändern ausrollen. Diese längs teilen und unter Rühren in 1–2 Minuten im Salzwasser bissfest garen. Das Nudelsieb in eine Schüssel stellen und die Nudeln dort hinein abgießen – so wird die Schüssel aufgewärmt.

3. Wasser abgießen, Nudeln abgetropft in die Schüssel geben. Zitrone darüber auspressen, Öl, Petersilie, Parmesan und Pfeffer zugeben. Die Nudeln mit Löffel und Gabeln grob zerrupfen und dabei alles vermischen. Gleich servieren.

Zutaten für 2–4 Personen

Für die Pasta
250 g Weizenmehl
3 Eier
1 EL Olivenöl
Salz

Fürs Finish
1 Handvoll glatte Petersilienblätter
½ Zitrone
2 EL bestes Olivenöl
2 EL Parmesan, grob gerieben
grob gemahlener schwarzer Pfeffer

Zubereitungszeit:
45 Minuten + 30 Minuten Ruhen

Die Künstlerin Marije Vogelzang hat diese Pasta bei uns vorbereitet, damit diese anschließend in ihrer Installation »Pasta Sauna« – eine zeltartige Installation mit drehorgelartigen Nudelmaschinen und dampfenden Campingkochern – in München zubereitet werden konnte. Live wird die Pasta für 2 Personen aus einem Teigballen geformt, mit den Händen geteilt und gekocht. Petersilienblätter und gegarte Nudelbänder werden von den Gästen mit der Schere geschnitten, dann wird das Gericht in den beiden Glasschalen serviert, zwischen denen der Teig ruht.

Krautfleckerl

>> **Grob geschnittener Weißkohl dünstet mit Speck, Kümmel und einem Schuss Essig, dann wird er mit frisch gemachten Nudelfleckerln vermischt. Und zum Schluss kommt Topfen dazu.** <<

1. Aus Mehl, Eiern, 2 Esslöffel Wasser und ½ Teelöffel Salz einen glatten Teig kneten. Diesen zur Kugel formen, in Folie gewickelt 1 Stunde ruhen lassen.

2. Den Kohl von festen Außenblättern befreien und vierteln. Mit einem schrägen Schnitt den Strunk samt grober Blattrippen abschneiden. Viertel in etwa 2 Zentimeter große Quadrate schneiden. Im Sieb kalt abspülen. Zwiebel abziehen und würfeln, Speck von Schwarte und Knorpeln befreien und würfeln.

3. Den Nudelteig auf bemehlter Fläche mit einem bemehlten Nudelholz oder mit einer Nudelmaschine dünn ausrollen. In etwa 2 Zentimeter große Quadrate (»Fleckerl«) schneiden. Diese mit etwas Mehl mischen und mit einem Küchentuch bedecken.

4. Speck und Zwiebeln mit Zucker und Kümmel in einem großen Topf

Zutaten für 4–6 Personen

300 g Mehl

3 Eier

Salz

1 kleiner Kopf Weißkohl (»Kraut«; 700 g)

1 Zwiebel

100 g durchwachsener Räucherspeck

1 TL Zucker

½ TL Kümmelsamen

1 EL Öl

1 EL Weinessig

weißer Pfeffer

150 g fester magerer Topfen, Quark oder Schichtkäse

Zubereitungszeit:
1 Stunde 30 Minuten
+ 1 Stunde Ruhen

im Öl zugedeckt 5 Minuten dünsten. Mit Essig ablöschen. Das Kraut darin bei mittlerer Hitze 1–2 Minuten dünsten. Mit Salz und Pfeffer würzen und zugedeckt 15–20 Minuten schmoren lassen, bis es bissfest ist. Falls nötig, ein paar Schluck Wasser zugeben.

5. Die Fleckerl in reichlich Salzwasser in 2–3 Minuten nicht ganz bissfest garen, abgießen und mit dem Kraut vermischen. Alles in 1–2 Minuten unter Rühren fertig garen, kräftig abschmecken, auf tiefe Teller verteilen, den Topfen darüber verteilen.

 JETZT NOCH WAS!

Nudelfleckerl kann man in Österreich auch getrocknet kaufen, dann werden sie nach der Packungsaufschrift gekocht. Als Ersatz gehen auch in der Tüte zerdrückte breite Bandnudeln.

Kärntner Kasnudeln

 Aus Mehl-Grieß-Teig werden Fladen gerollt, zwischen die kommt Quark (»Kas«) mit vielen Kräutern, daraus werden Taschen geformt, die gekocht mit brauner Butter aufgetischt werden.

1. Für den Teig alle Zutaten glatt miteinander verkneten, den Teig zu einer Kugel formen und diese in Folie wickeln. 1 Stunde bei Zimmertemperatur ruhen lassen.

2. Für die Füllung die Kartoffeln in der Schale in gut 20 Minuten bissfest kochen, kurz ausdampfen lassen und anschließend pellen. Gleich durchpressen und auskühlen lassen. Kräuter waschen und trockenschütteln, die Blätter fein hacken. Butter aufschäumen lassen, von der Kochstelle ziehen und die Kräuter hineingeben. Abkühlen lassen.

3. Vom Topfen bzw. Quark die Molke abgießen, ihn dann mit der Kartoffelmasse, der Kräuterbutter, mit saurer Sahne und Eigelb verrühren. Mit Salz und Pfeffer würzen.

4. Nun den Teig in 24 Stücke teilen und diese nacheinander auf bemehlter Fläche mit einem

Zutaten für 4 Personen

Für den Teig
300 g Mehl und Mehl zum Ausrollen

70 g Weichweizengrieß, ½ TL Salz

1 Ei, 3 Eigelb, 2 EL Öl

2 EL Mineralwasser

Für die Füllung
200 g vorwiegend festkochende Kartoffeln

2–3 Handvoll frische Kräuter (v. a. Kerbel und Minze, ergänzt durch Petersilie)

50 g Butter

250 g mögl. trockener Topfen/Magerquark

100 g saure Sahne

1 Eigelb, Salz, Pfeffer

Außerdem
2 Eiweiß

50 g Butter

Zubereitungszeit:
1 Stunde + 1 Stunde Ruhen

bemehlten Nudelholz in handgroße dünne runde Fladen ausrollen. Diese mit einem Küchentuch bedecken, bis alle Fladen fertig sind.

5. Den Rand der Fladen mit verquirltem Eiweiß bestreichen, je eine ordentliche kugelförmige Portion Füllung in die Mitte von 12 Fladen setzen und die übrigen darüberlegen (die Kasnudeln sind eher gewölbt als flach). Die Ränder gut andrücken und zackenartig falten – »rendeln« sagt man in Kärnten – oder mit einer Gabel zusammendrücken. 15 Minuten antrocknen lassen.

6. Die Kasnudeln in reichlich Salzwasser in 5–8 Minuten bissfest kochen. Inzwischen die Butter schmelzen und bräunen lassen. Die gegarten Kasnudeln mit einer Schaumkelle aus dem Topf heben, abtropfen lassen, je 3 in einen Teller setzen und mit gebräunter Butter übergießen.

Schlutzkrapfen mit Rotweinzwiebeln

Teigtaschen aus Roggen-Weizen-Teig werden mit in Rotwein geschmorten Zwiebeln gefüllt und gegart – Butter und Käse obendrauf machen sie so richtig »schlutzig«.

1. Für den Teig beide Mehle mit ½ Teelöffel Salz, Eiern und Öl zu einem glatten Teig verkneten. Diesen zu einer Kugel formen, in Klarsichtfolie wickeln und 1 Stunde bei Zimmertemperatur ruhen lassen.

2. Für die Füllung die Zwiebeln vierteln, abziehen und quer in Streifen schneiden. Diese in der Butter 5 Minuten zugedeckt dünsten. Zum Schluss den Majoran kurz mitdünsten. Den Rotwein zugießen und bei starker Hitze einkochen. Die Mischung abkühlen lassen, erst dann den Käse untermischen und das Ganze mit Salz, Pfeffer und Muskat kräftig würzen.

3. Den Teig auf bemehlter Fläche dünn ausrollen und Kreise ausstechen (Ø etwa 10 Zentimeter). Übrig gebliebenen Teig erneut verkneten, ausrollen und ausstechen. Die Teigränder mit verquirltem Eiweiß bestreichen.

Zutaten für 4 Personen

Für den Teig
je 150 g Roggen- und Weizenmehl
Salz, 3 Eier, 1 EL Öl
Öl zum Bestreichen

Für die Füllung
400 g Zwiebeln
4 EL Butter
1 TL getrockneter Majoran
¼ l Rotwein
60 g Bergkäse, frisch gerieben
Salz, Pfeffer
Muskatnuss, frisch gerieben

Außerdem
1 Eiweiß
1 Bund Schnittlauch
4 EL Butter
4 EL Bergkäse, frisch gerieben

Zubereitungszeit:
1 Stunde + 1 Stunde Ruhen

4. Je 1 Esslöffel Füllung auf eine Kreishälfte geben, die andere darüberklappen und die Ränder fest andrücken. Ebenso den restlichen Teig und die restliche Füllung verarbeiten. Die Schlutzkrapfen 15 Minuten ruhen lassen.

5. Schnittlauch waschen, trockenschütteln und in Röllchen schneiden. In einem großen Topf in reichlich Salzwasser die Schlutzkrapfen nacheinander in 3–5 Minuten bissfest kochen. Die Butter aufschäumen lassen, den Schnittlauch zugeben und über die gut abgetropften, auf Teller verteilten Schlutzkrapfen geben. Mit Käse bestreut servieren.

Großis Maultaschen

> **Das Originalrezept einer Geislinger Großmutter: Eine Mischung aus Hack, Brät, Mett, Speck und Schinkenwurst wird in Nudelteig gerollt, in Brühe gegart und mit dieser serviert.**

1. Für den Teig Mehl und Grieß mischen, die Eier verrühren und samt Öl und 1 Prise Salz mit der Mehlmischung glatt verkneten. Teig in Folie gewickelt 1 Stunde kühl stellen.

2. Für die Füllung 1 Zwiebel und den Knoblauch abziehen, Lauchzwiebeln putzen. Die Petersilie waschen und trockenschütteln, die Blätter abzupfen. Alles grob hacken und zugedeckt in der Butter in 3 Minuten weich dünsten. Abkühlen lassen.

3. Schinkenwurst und Speck in Würfel schneiden und samt der Zwiebelmischung durch den Fleischwolf drehen. Die Eier trennen und die Eigelbe samt Hack, Brät und Mett mit Wurst und Speck vermengen und mit Salz und Pfeffer abschmecken.

4. Den Nudelteig in 4 Stücke teilen, diese jeweils auf bemehlter Fläche rechteckig ausrollen. Die Füllung darauf verteilen und glatt streichen,

Zutaten für etwa 20 Maultaschen

Für den Teig
300 g Mehl
100 g Hartweizengrieß
4 Eier, 1 EL Öl, Salz

Für die Füllung und Garnitur
3 Zwiebeln
1 Knoblauchzehe
2 Lauchzwiebeln
1 Bund Petersilie
2 EL Butter
150 g geräuchte Schinkenwurst
150 g Räucherspeck
2 Eier
250 g gemischtes Hackfleisch
250 g Kalbsbrät
100 g Zwiebelmettwurst
Salz, Pfeffer
2–3 l Gemüsebrühe
60 g Butterschmalz

Zubereitungszeit:
2 Stunden + 1 Stunde Ruhen

sodass gut 2 Fingerbreit Rand bleiben. Diesen mit verquirltem Eiweiß bestreichen. Teigplatten stramm aufrollen, die Ränder fest andrücken. Im Kühlschrank 1 Stunde ruhen lassen.

5. Die Gemüsebrühe in einer weiten hohen Pfanne oder in einem entsprechend großen Topf aufkochen, salzen und die Maultaschen darin in 15 Minuten bei kleiner Hitze gar ziehen lassen.

6. Inzwischen die beiden übrigen Zwiebeln abziehen, in Ringe schneiden und »schmälzen«: Zwiebelringe in einem Topf im Butterschmalz zugedeckt bei kleiner Hitze in 5 Minuten weich dünsten, dann offen bei stärkerer Hitze unter Rühren bräunen. Die gegarten Maultaschen mit etwas Brühe und geschmälzten Zwiebeln obenauf servieren.

NUDELN
mit viel Sauce

ALLA MAMMA, VON MUTTI, MIT SONNE >>>
Dreimal Sugo

Einmal der Klassiker aus Pelati-Dosentomaten, einmal der private Liebling mit Speck-Mehlschwitze sowie Paprika und einmal ein erfrischendes Sommerrezept.

Pasta asciutta

Für 4–6 Personen 1 große Dose Pelati-Tomaten (800 Gramm Inhalt) öffnen und die Tomaten in der Dose mit einem Messer grob zerkleinern. 1 weiße Zwiebel halbieren und abziehen, dann in Würfel schneiden. 2 Knoblauchzehen abziehen und fein würfeln. 3 Sardellenfilets hacken (Veggies lassen die einfach weg oder nehmen grüne Oliven).

Nun in einem großen Topf in 1 Esslöffel Öl bei kleiner Hitze die Zwiebelwürfel samt gehackten Sardellen und 1 Teelöffel getrocknetem Oregano zugedeckt 5 Minuten sanft dünsten. Den Knoblauch kurz mitdünsten, dann die Tomaten zugeben und kräftig mit Salz und Pfeffer würzen. Den Sugo bei kleiner Hitze ohne Deckel etwa 20 Minuten kochen lassen, bis er dicklich und würzig ist, aber noch frisch schmeckt.

Inzwischen 500 Gramm Spaghetti nach Packungsaufschrift in reichlich Salzwasser nicht ganz bissfest garen. In ein Sieb abgießen, zum Sugo in den Topf geben und noch 1–2 Minuten in der Sauce bissfest garen. Mit 50 Gramm frisch geriebenem Parmesan mischen und servieren.

Makkaroni Mutti

Für 4 Personen 150 Gramm durchwachsenen Räucherspeck falls nötig von Schwarte und Knorpeln befreien, in 1 Zentimeter dicke Scheiben und diese dann quer in 1 Zentimeter breite Streifen schneiden. 1 Zwiebel und 1 Knoblauchzehe abziehen und würfeln.

1 Kilogramm aromatische Tomaten (am besten eher große) waschen und halbieren, dann auf der groben Reibe über einer Schüssel die Hälften mit der Schnittfläche reiben, bis fast nur noch die Haut übrig ist. 1 rote Paprikaschote waschen, putzen und würfeln. Den Speck in 1 Esslöffel Öl bei mittlerer Hitze in 2–3 Minuten ausbraten, dann die Zwiebel und Paprika dazugeben und weiter 2–3 Minuten braten. Nun den Knoblauch noch kurz mitbraten, dann 1 Teelöffel Paprikapulver rosenscharf und 2 Esslöffel Mehl einrühren und etwa 1 Minute anrösten. Den Topf von der Kochstelle ziehen und das flüssige Tomatenfleisch mit dem Schneebesen einrühren, wieder auf den Herd stellen und unter ständigem Rühren aufkochen. Mit Salz und weißem Pfeffer würzen und 10 Minuten kochen lassen, dabei öfters rühren.

Inzwischen <u>500 Gramm Makkaroni</u> in reichlich Salzwasser nach Packungsaufschrift fast bissfest kochen und in ein Sieb abgießen. Zurück in den Topf geben, die Sauce dazugeben und alles verrühren, dann noch 1 Minute garen lassen. Abschmecken und servieren.

Spaghetti mit Sonnensugo

Für 4 Personen <u>1 Kilogramm richtig gute reife Tomaten</u> waschen, vom Stielansatz befreien und mit einem scharfen Messer in Würfel schneiden. <u>1 Bio-Zitrone</u> heiß waschen und trockenreiben. Die Schale abreiben und den Saft auspressen. <u>2 Knoblauchzehen</u> abziehen und fein würfeln. Von <u>1 Bund Basilikum</u> die Blätter zupfen und grob hacken. Dies alles samt <u>2 Teelöffel Salz</u>, reichlich <u>schwarzem Pfeffer</u> und <u>100 Milliliter Olivenöl</u> mit den Tomaten mischen und mindestens 30 Minuten, noch besser 3 Stunden durchziehen lassen – und das am allerbesten in der prallen Sommersonne.

<u>500 Gramm Spaghetti</u> in reichlich Salzwasser bissfest garen, in ein Sieb abgießen, das in einer großen Servierschüssel steht. Bis auf einen Schluck das Wasser abgießen und darin die Spaghetti mit dem Sonnensugo vermischen. Abschmecken und servieren.

Bei den »Makkaroni Mutti« geben rote Paprika der Sauce noch zusätzlich Süße und Farbe – und Paprikapulver sorgt für Schärfe.

Ciao bellissimi!

Tagliatelle mit Ofensugo

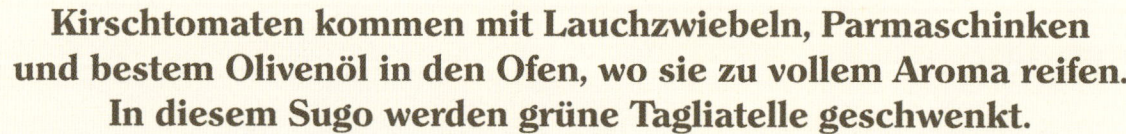

Kirschtomaten kommen mit Lauchzwiebeln, Parmaschinken und bestem Olivenöl in den Ofen, wo sie zu vollem Aroma reifen. In diesem Sugo werden grüne Tagliatelle geschwenkt.

1. Den Ofen auf 180 Grad vorheizen (Umluft 160 Grad). Tomaten waschen und halbieren. Die Lauchzwiebeln waschen, putzen und in Ringe schneiden. Knoblauch abziehen und in Scheiben schneiden. Oregano waschen, trockenschütteln, die Blätter abstreifen. Die Chilischote waschen und halbieren, die Kerne entfernen. Den Parmaschinken in Streifen schneiden.

2. Alle vorbereiteten Zutaten in einer Auflaufform mischen und mit Olivenöl begießen – es sollte die Tomaten bedecken.

3. Die Tomatenmischung im heißen Ofen 1 Stunde garen. Dann die Nudeln in reichlich Salzwasser nach Packungsaufschrift nicht ganz bissfest kochen, in ein Sieb abgießen. Die Herdplatte angeschaltet lassen.

4. Den Ofensugo in den Nudeltopf geben, mit Salz würzen und darin die Tagliatelle in 1–2 Minuten bissfest garen. Das Gericht mit Parmesan mischen und servieren.

Zutaten für 4 Personen

800 g Kirschtomaten

4 Lauchzwiebeln

3 Knoblauchzehen

5 Zweige frischer Oregano (oder 1 TL getrockneter)

1 kleine rote Chilischote

100 g Parmaschinken

etwa 80 ml allerbestes Olivenöl

500 g grüne Tagliatelle (oder andere dünne Bandnudeln)

Salz

50 g Parmesan, frisch gerieben

Zubereitungszeit:
1 Stunde 30 Minuten

Dieser Sugo entwickelt in aller Ruhe und Wärme einen besonders intensiven Geschmack. Beim Öl bin ich da so anspruchsvoll wie großzügig – ein Gläschen sollte es mindestens sein.

TANTE ERIKA RAI

Rigatoni mit scharfen Tomaten und Feta

 Eine Idee aus dem Orient-Imbiss: Tomaten werden mit Zwiebeln und Knoblauch gerieben, mit Kreuzkümmel gewürzt und mit Rigatoni gemischt – der Feta kommt zum Schluss.

1. Die Kümmelsamen in der trockenen Pfanne anrösten, bis sie duften. Beiseite stellen.

2. Chilischoten waschen und putzen, der Länge nach halbieren und die Kerne herausschaben. Nun die Hälften quer in feine Streifen schneiden. Die Petersilie waschen und trockenschütteln, die Blätter hacken.

3. Zwiebel und Knoblauch abziehen. Die Zwiebel auf der groben Reibe und den Knoblauch auf der feinen Reibe in eine große Schüssel reiben. Kreuzkümmel, Chili, Petersilie und ½ Teelöffel Salz dazugeben. Alles vermischen und 5 Minuten stehen lassen.

4. Die Tomaten waschen und halbieren. Auf der groben Reibe mit der Schnittfläche zur Zwiebelmischung reiben, bis fast nur noch die Haut

Zutaten für 4 Personen

½ TL Kreuzkümmelsamen

2–3 rote Chilischoten

1 Bund glatte Petersilie

1 weiße Zwiebel

1 Knoblauchzehe

Salz

750 g aromatische Tomaten

Zitronensaft

500 g Rigatoni

400 g Feta

Zubereitungszeit: 30 Minuten

zurückbleibt. Alles verrühren und mit Zitronensaft und Salz abschmecken. 15 Minuten ziehen lassen.

5. Inzwischen in reichlich Salzwasser die Rigatoni unter gelegentlichem Rühren nach Packungsaufschrift bissfest kochen und den Feta mit den Händen in Stücke zerteilen.

6. Die gegarten Rigatoni in ein Sieb abgießen, das in einer Schüssel steht. Aus dieser das Nudelwasser bis auf einen Schluck abgießen. Darin die Nudeln mit den Tomaten mischen, abschmecken und mit dem Feta servieren. Den Käse steut bei Tisch jeder selbst über seine Portion.

Pop-Art-Pasta

 Inspiriert von Warhols und Rauschenbergs Dosenbildern: Pelati-Tomaten aus der Dose werden ein bisschen süßlich mit Oregano und Paprika gekocht, passiert und mit Spaghetti gemixt.

1. Die Zwiebel halbieren und abziehen, dann in Würfel schneiden und mit 1 kräftigen Prise Salz sowie 1 kleinen Prise Zucker mischen, 5 Minuten stehen lassen. Die Tomaten in der Dose mit einem Stabmixer oder einem Stampfer zerkleinern.

2. Das Öl in einem Topf erhitzen und darin zugedeckt die Zwiebeln mit dem Oregano 5 Minuten bei mittlerer Hitze dünsten. Nun das Tomatenmark einrühren und 1 Minute rösten. Mehl und Paprikapulver kurz mitrösten, bis alles gelöst ist.

3. Die Tomaten unter Rühren zugeben und aufkochen, die Sauce mit Salz und Pfeffer abschmecken und unter öfterem Rühren 10 Minuten kochen lassen.

Zutaten für 4 Personen

1 Zwiebel
Salz, Zucker
1 Dose Pelati-Tomaten (ca. 400 g Inhalt)
3 EL Öl
1 TL getrockneter Oregano
2 EL Tomatenmark
1 EL Mehl
1 TL Paprikapulver edelsüß
weißer Pfeffer
500 g Spaghetti

Zubereitungszeit:
30 Minuten

4. Inzwischen in reichlich Salzwasser die Spaghetti nach Packungsaufschrift fast bissfest kochen und in ein Sieb abgießen, das in einer großen Schüssel steht.

5. Die Tomatensauce durch ein Sieb in den Nudeltopf streichen. Die Spaghetti darin in 1 Minute bei kleiner Hitze unter Rühren bissfest kochen.

6. Das Nudelwasser aus der Schüssel abgießen und die Pop-Art-Pasta darin servieren – oder ganz stilecht in schönen Dosen.

Pappardelle mit Ratatouille-Creme

Paprika, Zucchini, Auberginen und Tomaten schmoren mit Knoblauch und Thymian in Sahne. Kurz gestampft und mit Eiernudeln serviert – voilà!

1. Alle Gemüse waschen und putzen, Paprika würfeln, Zucchini und Aubergine je nach Größe längs vierteln oder halbieren und in 1 Zentimeter dicke Scheiben schneiden. Tomaten halbieren, auf der groben Reibe mit der Schnittfläche reiben, bis fast nur noch die Haut zurückbleibt. Zwiebel und Knoblauch abziehen und würfeln.

2. 4 Esslöffel Öl in einer großen Pfanne erhitzen. Paprika, Zucchini und Auberginen darin unter Rühren 2–3 Minuten bei mittlerer Hitze anbraten. Alles mit Salz und Pfeffer würzen, aus der Pfanne nehmen.

3. Die Pfanne auswischen, dann darin das übrige Öl erhitzen und zugedeckt die Zwiebel mit dem Thymian 5 Minuten dünsten. Dann ohne Deckel den Knoblauch kurz mitdünsten, Tomaten zugeben. Das Ganze mit Salz und Pfeffer würzen und 5 Minuten kochen lassen.

Zutaten für 4 Personen

1 gelbe Paprikaschote
250 g Zucchini
1 Aubergine (250 g)
350 g Tomaten
1 weiße Zwiebel
2 Knoblauchzehen
8 EL Olivenöl
2 TL getrockneter Thymian
Salz, weißer Pfeffer
200 g Sahne
500 g Pappardelle oder andere möglichst breite Eierbandnudeln
1 Bund glatte Petersilie, gehackt
½ Zitrone

Zubereitungszeit:
1 Stunde

4. Die angebratenen Gemüse samt der Sahne dazugeben, alles bei kleiner Hitze 15–20 Minuten kochen lassen, bis das Gemüse bissfest ist. Inzwischen in reichlich Salzwasser die Pappardelle nach Packungsaufschrift fast bissfest kochen.

5. Die gegarte Sauce grob stampfen und die Petersilie zugeben. Vom Nudelwasser 100 Milliliter abnehmen. Die Nudeln in ein Sieb abgießen, im Topf mit der Sauce und dem abgenommenen Nudelwasser mischen und noch 1 Minute unter Rühren garen. Die Zitrone dazupressen, abschmecken und servieren.

Orecchiette mit Linsenbolognese

 Rote Linsen schmoren auf orientalische Art mit Salbei, Kreuzkümmel und Trockenfrüchten, zum Schluss kommen Petersilie und Orecchiette dazu.

1. Die Zwiebel halbieren, abziehen und würfeln. Den Salbei abspülen, trockenschütteln und die Blättchen grob hacken. Die Aprikosen würfeln.

2. In einem großen Topf den Kreuzkümmel auf mittlerer Stufe 1 Minute anrösten, bis er duftet. Nun das Öl dazugeben, dann gleich die Zwiebelwürfel und die Aprikosen. Einmal umrühren und alles zugedeckt 5 Minuten dünsten.

Zutaten für 4 Personen

1 große weiße Zwiebel

2 Zweige Salbei

10 getrocknete Aprikosen

1 TL Kreuzkümmelsamen

2 EL Olivenöl

200 g rote Linsen

400 g gewürfelte Tomaten aus der Dose

¼ l Gemüsebrühe

1 Bund glatte Petersilie

500 g Orecchiette

Salz, schwarzer Pfeffer

2 TL Zitronensaft

Zubereitungszeit: 45 Minuten

3. Die Linsen in einem Sieb kalt abspülen und abtropfen lassen, dann samt Salbei, Tomaten und Brühe zur Zwiebelmischung geben. Die Linsenbolognese 20–25 Minuten kochen lassen. Inzwischen die Petersilie waschen und trockenschütteln, die Blätter hacken.

4. Gegen Ende der Garzeit für die Linsenbolognese die Orecchiette in reichlich Salzwasser nach Packungsaufschrift nicht ganz bissfest garen. In ein Sieb abgießen, abtropfen lassen und zurück in den Topf geben. Die Linsenbolognese samt Petersilie zu den Nudeln geben, mit Salz und Pfeffer sowie dem Zitronensaft würzen und alles noch 1 Minute garen. Gleich servieren.

JETZT NOCH WAS!

Wegen ihrer Dicke und Form kleben Orecchiette oft beim Kochen zusammen. Vor allem zu Anfang der Garzeit ist es daher wichtig, wiederholt umzurühren. Später kommen die Nudeln alleine zurecht.

Eiernudeln mit Möhren-Sugo

Es muss nicht immer Tomate sein: Möhren schmoren mit Knoblauch, Orange und Sternanis, zum Schluss kommen Dill und Eiernudeln dazu.

1. Möhren schälen, in 1 Zentimeter dicke Scheiben schneiden. Zwiebel und Knoblauch abziehen, Zwiebel würfeln, Knoblauch in dünne Scheiben schneiden. 1 Orange heiß abwaschen, abtrocknen, die Hälfte der Schale abreiben. Saft aller Orangen auspressen, das sollte 250 Milliliter ergeben. Dill waschen und trockenschütteln, die Spitzen hacken.

2. 40 Gramm Butter ein einem Topf zerlassen und darin bei mittlerer Hitze die Zwiebelwürfel in 5 Minuten zugedeckt weich dünsten. Möhren und Knoblauch zugeben und offen 2–3 Minuten dünsten.

3. Orangenschale und 200 Milliliter Orangensaft samt Lorbeerblatt und 1 Sternanis, ½ Teelöffel Salz und Pfeffer zu den Möhren geben und diese zugedeckt in etwa 10 Minuten bissfest dünsten. Lorbeer und Sternanis entfernen und die Möhren grob zerstampfen.

Zutaten für 4 Personen

600 g Möhren
1 weiße Zwiebel
1 Knoblauchzehe
4 Bio-Orangen
6 Zweige Dill
50 g Butter
1 Lorbeerblatt
2 Sternanis
Salz, schwarzer Pfeffer
500 g asiatische oder andere schmale Eiernudeln

Zubereitungszeit:
45 Minuten

4. Inzwischen die Nudeln in reichlich Salzwasser mit 1 Sternanis nach Packungsaufschrift fast bissfest kochen, in ein Sieb abgießen. Nudeln wieder zurück in den Topf geben, Möhrensugo samt Dill, übriger Butter und restlichem Orangensaft dazugeben und noch 1 Minute unter Rühren garen. Abschmecken und servieren.

TANTE ERIKA RÄT

Wer's mag, kann hier auch ein bisschen asiatischer werden: mit Limette statt Orange, Chili statt Pfeffer und Koriander statt Dill. Ich gebe dann statt der Butter zum Schluss noch einen Teelöffel Sesamöl dran.

75

One-Pot-Pasta mit Tomaten und Spargel

Tomaten, grüner Spargel, Zwiebel, Knoblauch, Spaghetti, und auch das Salzwasser für die Nudeln – alles kocht in einem Topf, und am Ende gibts Spaghetti mit toller Sauce.

1. Einen weiten Topf nehmen, am besten einen, in den sich die Spaghetti der Länge nach hineinlegen lassen. Kirschtomaten waschen und halbieren, Spargel waschen, die Enden abschneiden und falls nötig das untere Drittel schälen. Spargel in Stücke schneiden. Zwiebel und Knoblauch abziehen und würfeln.

2. Alle Zutaten zusammen mit den Spaghetti in den Topf geben, mit 1,5 Liter Wasser aufgießen, sodass alles bedeckt ist.

3. Den Topfinhalt bei starker Hitze unter Rühren zum Kochen bringen, dann die Hitze reduzieren und die One-Pot-Pasta unter Rühren 8–10 Minuten kochen, bis die Nudeln bissfest sind und eine schöne Sauce entstanden ist. Das Gericht abschmecken und servieren.

Zutaten für 4 Personen

- 250 g Kirschtomaten
- 250 g grüner Spargel
- 1 rote Zwiebel
- 3 Knoblauchzehen
- 500 g Spaghetti
- 4 EL Olivenöl
- 1 TL Salz
- ½ TL schwarzer Pfeffer

Zubereitungszeit:
30 Minuten

JETZT NOCH WAS!

One-Pot-Pasta ist in den USA sehr populär und alles andere als Fast Food. Wichtig ist, dass alle Zutaten in etwa 10 Minuten gar werden können und dass alles kalt aufgesetzt wird.

LIEBLINGSREZEPT

One-Pot-Pasta mit Kartoffeln und Bohnen

Ein ligurisches Traditionsrezept auf neue Art: Grüne Bohnen werden mit Kartoffeln, Knoblauch und Linguine als Eintopf im Milchsud gekocht. Frisches Pesto zur Pasta – basta.

1. Die Bohnen waschen, putzen und halbieren. Die Kartoffeln schälen, je nach Größe der Länge nach halbieren oder vierteln und in 1 Zentimeter dicke Scheiben schneiden. Knoblauch abziehen und halbieren.

2. Die Bohnen, Kartoffeln, Knoblauch und die Linguine mit dem Salz in einen weiten Topf geben. Mit 1 Liter Wasser und der Milch bedecken.

3. Den Topfinhalt unter Rühren zum Kochen bringen und 8–10 Minuten kochen, bis Bohnen, Kartoffeln und Linguine gar sind und noch etwas

Flüssigkeit erhalten ist. Nun das Pesto und den geriebenen Parmesan einrühren und die Pasta abschmecken. Gleich servieren.

Zutaten für 4 Personen

200 g grüne Bohnen

200 g festkochende Kartoffeln

1 kleine Knoblauchzehe

150 g Linguine

½ TL Salz

½ l Milch

6–8 EL Pesto (frisch nach dem Rezept von Seite 22 zubereitet oder gekauft)

Parmesan, frisch gerieben

Zubereitungszeit:
30 Minuten

Ich hab' erst nicht geglaubt, dass das geht, Nudeln und Sauce in einem Topf zu kochen. Aber inzwischen bin ich ein echter One-Pot-Fan, und wenn ich's nicht verrate, merken selbst meine Italiener nix.

TANTE ERIKA RÄT

77

IM TOPFE VEREINT

Stelle Vongole in brodo

Frische Vongole werden flott gegart, dann mit kleinen Suppensternchen im eigenen Sud – ergänzt durch Hühnerbrühe, Chicorée und Basilikum – vollendet. Bitte löffeln!

1. Die Muscheln 5 Minuten in eiskaltes Wasser legen und dann im Sieb abbrausen – alle, die jetzt schon weit offen sind, wegwerfen. Zwiebel halbieren, abziehen und würfeln. Die Basilikumblätter grob hacken. Chicorée putzen, halbieren, vom Strunk befreien und die Hälften quer in feine Streifen schneiden.

2. Die Zwiebelwürfel in einem großen Topf in 4 Esslöffel Öl zugedeckt bei mittlerer Hitze dünsten.

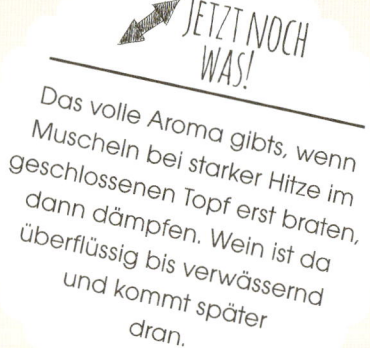

JETZT NOCH WAS!

Das volle Aroma gibts, wenn Muscheln bei starker Hitze im geschlossenen Topf erst braten, dann dämpfen. Wein ist da überflüssig bis verwässernd und kommt später dran.

Zutaten für 4 Personen

1 kg frische und vom Händler gut gewässerte Venusmuscheln (alternativ Miesmuscheln)

1 weiße Zwiebel

1 großes Bund Basilikum

2 Chicorée-Stauden

6 EL Olivenöl

250 g Sternchennudeln oder andere kleine Suppennudeln

Salz

¼ l Hühnerbrühe (so gute, wie's nur geht)

100 ml trockener Weißwein

Pfeffer

Parmesan, frisch gerieben

Zubereitungszeit: 30 Minuten

3. Die Hitze hochdrehen und die Muscheln hineingeben, zugedeckt 3 Minuten dünsten und dämpfen, dabei öfters rütteln.

4. Jetzt sollten alle Muscheln offen und ein bisschen Sud im Topf sein. Geschlossene Muscheln wegwerfen. Den Sud durch einen Kaffeefilter in ein weiteres Gefäß umgießen, um den Sand zu entfernen.

5. Die Nudeln in reichlich Salzwasser nach Packungsaufschrift fast bissfest kochen und in ein Sieb gießen. Die Brühe mit Wein, Muschelsud, Chicorée und Nudeln aufkochen. Basilikum und Muscheln einrühren. Mit Salz und Pfeffer kräftig abschmecken. Das Gericht in tiefe Teller geben und Parmesan darüberstreuen.

Spaghetti in Lauch-Lachs-Sauce

BLITZREZEPT

Lauchstreifen dünsten in Sahne, Fischfond und Wein, dazu kommen Räucherlachs, Kresse und Limette sowie am Ende frisch gekochte Spaghetti.

1. Den Lauch putzen, längs halbieren und quer in 1 Zentimeter breite Streifen schneiden. Diese in einem Sieb mit kaltem Wasser gründlich abspülen. Den Lachs zerpflücken.

2. Die Butter in einem Topf schmelzen und den tropfnassen Lauch zugeben. Leicht salzen und unter Rühren 3–4 Minuten dünsten. Nun Sahne, Fischfond und Wein zugießen und das Ganze weitere 5 Minuten kochen lassen.

3. Inzwischen die Spaghetti in reichlich Salzwasser nach Packungsaufschrift fast bissfest garen. In ein Sieb

Zutaten für 4 Personen

1 Stange Lauch
200 g Räucherlachs in Scheiben
2 EL Butter
Salz
150 g Sahne
150 ml Fischfond
50 ml trockener Weißwein
500 g Spaghetti
1 Kästchen Kresse
Saft von ½ Limette

Zubereitungszeit: 20 Minuten

gießen, kurz abtropfen lassen und zurück in den Topf geben. Die Sauce dazugeben und alles noch 1 Minuten unter Rühren garen.

4. Die Kresse mit einer Schere abschneiden und samt Lachs und ausgepresstem Limettensaft unter die Spaghetti rühren. Abschmecken und servieren.

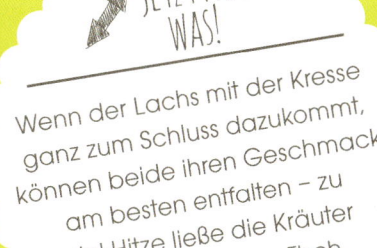

JETZT NOCH WAS!

Wenn der Lachs mit der Kresse ganz zum Schluss dazukommt, können beide ihren Geschmack am besten entfalten – zu viel Hitze ließe die Kräuter schlapp und den Fisch tranig werden.

Nouille Bouillabaisse aus der Folie

 Schwarze Tintenfischnudeln werden mit aromatischem Gemüse, feinem Fisch und typischen Kräutern in Folie gegart, dazu gibts Knoblauchmayonnaise.

1. Safran mit Wein verrühren. Die Gemüse waschen und putzen bzw. schälen. Fenchel vierteln, vom Strunk befreien, die Viertel quer in dünne Streifen schneiden. Möhre und Staudensellerie in dünne Scheiben, Lauchzwiebel in feine Ringe schneiden. Knoblauch abziehen, 1 Zehe in dünne Scheiben schneiden. Petersilie waschen und die Blätter zupfen.

2. Öl in einer Pfanne erhitzen und darin das Gemüse samt Knoblauchscheiben unter Rühren 1–2 Minuten andünsten. Mit Salz und Pfeffer würzen. Wein, das eingerissene Lorbeerblatt und Thymian zugeben. Alles 3 Minuten dünsten, das Gemüse soll noch knackig sein. Aus der Pfanne nehmen, mit Petersilie mischen und abkühlen lassen.

3. Die Nudeln in reichlich Salzwasser nach Packungsaufschrift nicht ganz bissfest garen. Abgießen und mit kaltem Wasser kurz abspülen. Mit

Zutaten für 4 Personen

1 Döschen Safran (0,1 g)

100 ml trockener Weißwein

1 kleine Fenchelknolle

1 Möhre, 1 Stange Staudensellerie

1 Lauchzwiebel

2 Knoblauchzehen

5 Zweige glatte Petersilie

3 EL Olivenöl und Öl zum Bestreichen

Salz, weißer Pfeffer

1 Lorbeerblatt

5 Zweige Thymian

500 g schwarze Tintenfischnudeln

300 g festes Meeresfischfilet (z. B. Seeteufel, Rotbarbe)

4 EL Mayonnaise

Zubereitungszeit: 45 Minuten

dem Gemüse vermischen. Den Fisch in mundgerechte Stücke schneiden und mit den Nudeln vermischen.

4. Den Ofen auf 200 Grad vorheizen (Umluft 180 Grad). 4 quadratische Bögen Alufolie mit Olivenöl bestreichen. Die Nudeln samt Gemüse und Fisch darauf jeweils in der Mitte verteilen. Die Folie von zwei Seiten her darüber hochfalten und mehrfach falzen. Dann von den beiden anderen Seiten her falzen, sodass die Päckchen gut verschlossen sind.

5. Die Päckchen auf einem Blech auf mittlerer Schiene für 8–10 Minuten in den heißen Ofen schieben, bis sie schön prall und heiß sind. Inzwischen den übrigen Knoblauch fein hacken und mit der Mayonnaise vermischen.

6. Die fertigen Päckchen bei Tisch öffnen und jeweils mit 1 Esslöffel Knoblauchmayonnaise vollenden.

KLASSIKER

Spaghetti Bolognese

Eine Mischung aus Hackfleisch, Schinken und Tomatenmark dünstet sanft auf Speck und Suppengrün, dann schmort das Gericht nach und nach mit Brühe und einem Schuss Milch zum Schluss – wie man's in Bologna mag.

1. Die Schinkenscheiben übereinanderlegen und mit einem großen Messer klein hacken. Mit dem Hackfleisch und dem Tomatenmark in einer Schüssel gut vermischen; am besten geht das mit den Händen.

2. Speck in kleine Würfel schneiden. Die Möhren schälen, längs vierteln, Staudensellerie waschen, längs halbieren. Beides in dünne Scheiben schneiden. Die Zwiebeln halbieren, abziehen und würfeln.

3. In einem großen Topf die Butter bei mittlerer Hitze schmelzen und darin Speck, Gemüse und Zwiebeln zugedeckt 5 Minuten schmoren. Jetzt das Hackfleisch über dem Topf zerpflücken und darin verteilen.

4. Das Hackfleisch 5 Minuten ohne Wenden und Rühren angaren – es soll leicht braten, aber nicht hart und braun werden. Nun salzen und

Zutaten für 4–6 Personen

100 g gekochter Schinken

300 g gemischtes Hackfleisch

2 EL Tomatenmark

50 g durchwachsener Speck in Scheiben, am besten luftgetrocknet, z. B. Pancetta

1–2 Möhren (100 g)

1 große Stange Staudensellerie (100 g)

2 weiße Zwiebeln

5 EL Butter

Salz, Pfeffer

¼ TL Kaffeepulver

300 ml Hühnerbrühe

100 ml Milch

500 g Spaghetti

50 g Parmesan, frisch gerieben

Zubereitungszeit: 1 Stunde 30 Minuten

pfeffern, dann das Kaffeepulver dazugeben und das Ganze einmal durchrühren.

5. Die Hitze reduzieren und das Hackfleisch mit 100 Milliliter Brühe ablöschen und den Topf zudecken. Wenn die Brühe eingekocht ist, wieder 100 Milliliter zugeben und einkochen lassen. Das dauert 30–45 Minuten. Nun die restliche Brühe und Milch dazugießen und die Bolognese offen bei kleiner Hitze noch 30 Minuten kochen lassen.

6. Spaghetti in reichlich Salzwasser nicht ganz bissfest kochen. In ein Sieb abgießen und zur Bolognese geben, darin in 1–2 Minuten unter Rühren bissfest kochen. Mit Salz und Pfeffer abschmecken, Parmesan einrühren und das Gericht servieren.

Mighty Meatball Macaroni

Salsicce-Klößchen mit Parmesan und Petersilie werden frittiert und samt in Rotwein geschmortem Speck mit Makkaroni fertig geschmort. Mächtig gut!

1. Tomaten waschen. Zwiebel und Knoblauch abziehen und würfeln. Beides zusammen mit dem Rosmarin in 3 Esslöffel Olivenöl zugedeckt bei mittlerer Hitze in 5 Minuten glasig braten. Rotwein zugießen, Tomaten dazugeben, den Speck hineinlegen und das Ganze 1 Stunde sanft köcheln lassen.

2. Für die Meatballs Petersilie waschen, trockenschütteln und die Blätter hacken. Petersilie und Parmesan mit dem Brät vermengen. Daraus mit nassen Händen gut haselnussgroße Kugeln formen.

3. Das übrige Öl in einer Pfanne erhitzen. Meatballs in Mehl wenden und im heißen Öl leicht schwimmend nach und nach knusprig braten, dabei öfters an der Pfanne rütteln. Die Meatballs auf Küchenpapier entfetten.

Zutaten für 4–6 Personen

500 g Kirschtomaten

1 rote Zwiebel

2 Knoblauchzehen

etwa 100 ml Olivenöl

4 Zweige Rosmarin

125 ml Rotwein

300 g Räucherspeck am Stück

1 Bund glatte Petersilie

50 g Parmesan, frisch gerieben

400 g Salsicce-Brät (ggf. aus ganzen Salsicce)

Mehl zum Wenden

500 g kurze Makkaroni

Salz

1 TL Zitronensaft

Pfeffer

Zubereitungszeit:
1 Stunde 30 Minuten

4. Den Speck aus der Tomatensauce fischen und grob würfeln. Die Makkaroni in reichlich Salzwasser nach Packungsaufschrift fast bissfest garen. In ein Sieb abgießen und wieder zurück in den Topf geben. Speck, Meatballs und Sauce mit den Makkaroni mischen, Zitronensaft zugeben, das Gericht mit Salz und Pfeffer abschmecken und noch 1 Minute kochen. Gleich servieren.

JETZT NOCH WAS!

Das rohe Brät der italienischen Bratwurst Salsicce ist eine würzige Hackfleisch-Variante. Gibt es das nicht bei Ihrem Händler, kaufen Sie frische Würste und drücken das Brät aus der Pelle.

Nudeln mit Curry-Haschee

Hackfleisch schmort mit Chili und Curry erst in Brühe, dann mit Sojasauce und Zitrone in Kokosmilch. Gemischt mit Nudeln kommen Peperoni und Ei obenauf.

1. Die Lauchzwiebeln waschen und putzen, grüne und weiße Teile getrennt in Ringe schneiden. Chilis waschen, putzen, entkernen und hacken, ein Drittel beiseite stellen. Zitronen heiß waschen, von einer die Schale dünn abreiben und den Saft auspressen. Die zweite Zitrone in Spalten schneiden.

2. Das Zwiebelgrün mit zwei Drittel Chili in 4 Esslöffel Butterschmalz

Zutaten für 4 Personen

1 Bund Lauchzwiebeln

3 rote Chilischoten

2 Bio-Zitronen

100 g Butterschmalz

400 g gemischtes Hackfleisch

3 EL Currypulver

1 l Hühnerbrühe

1 Dose Kokosmilch (400 g)

4 EL Sojasauce

500 g feine Bandnudeln

Salz

2 hart gekochte Eier

4 eingelegte Peperoni

1 EL gehackte Petersilie

Zubereitungszeit: 45 Minuten

andünsten. Hackfleisch mit Curry darin mehr andünsten als anbraten. Knapp mit Hühnerbrühe bedecken und diese einkochen lassen. Das Aufgießen und Einkochenlassen so lange wiederholen, bis die Hühnerbrühe aufgebraucht ist. Dann das Haschee mit Kokosmilch, Sojasauce und ausgepresstem Zitronensaft 20 Minuten köcheln lassen.

3. Zum Schluss die Nudeln in reichlich Salzwasser nach Packungsaufschrift fast bissfest garen. Inzwischen Eier pellen und würfeln, Peperoni in Ringe schneiden. Beides mit Petersilie, übrigem Chili und den übrigen Lauchzwiebelringen mischen.

4. Die Nudeln in ein Sieb abgießen, zurück in den Topf geben, mit dem Haschee mischen und noch 1 Minute garen. Das Gericht auf Schalen verteilen, mit der Eiermischung bestreuen und mit den Zitronenspalten servieren.

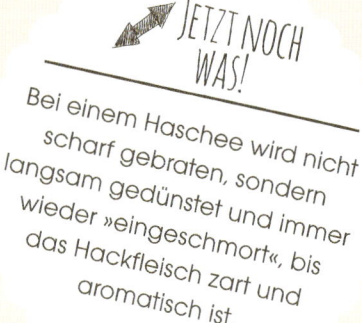

JETZT NOCH WAS!

Bei einem Haschee wird nicht scharf gebraten, sondern langsam gedünstet und immer wieder »eingeschmort«, bis das Hackfleisch zart und aromatisch ist.

BLITZREZEPT
Conchiglie mit Rotweinleber

Kleine Geflügelleberscheiben werden rosa gebraten und mit Muschelnudeln und Basilikum in einer Sauce aus Rotwein und Balsamico-Essig geschwenkt.

1. Leber von möglichen Häutchen und leicht entfernbaren Sehnen befreien. Soweit nötig in fingerdicke Scheiben schneiden. Zwiebeln vierteln, abziehen und in Streifen schneiden. Mit Salz, Zucker und Pfeffer mischen. Mehl mit Zimt vermischen.

2. 2 Esslöffel Butter in einer Pfanne bei mittlerer Hitze aufschäumen lassen. Die Leber im Zimt-Mehl wenden und 1 Minute in der Pfanne braten, sodass sie innen noch sehr rosa ist. Aus der Pfanne nehmen und im Bratsatz die Zwiebeln 2 Minuten braten.

3. Wein und Balsamico dazugießen, bei starker Hitze auf die Hälfte einkochen lassen. Vom Basilikum die Blätter abzupfen und grob hacken. Die Conchiglie in reichlich Salzwasser nach Packungsaufschrift nicht ganz bissfest kochen. In ein Sieb abgießen und zurück in den Topf geben.

Zutaten für 4 Personen

300 g Hähnchenleber
2 rote Zwiebeln
Salz
½ TL Zucker
½ TL grober schwarzer Pfeffer
2 EL Mehl
¼ TL gemahlener Zimt
60 g Butter
¼ l kräftiger Rotwein
1 EL Aceto balsamico
1 Bund Basilikum
500 g Conchiglie

Zubereitungszeit:
30 Minuten

4. Die übrige Butter in die Rotweinsauce rühren, Leber und Basilikum zugeben. Mit den Nudeln vermischen und alles noch kurz garen, dann abschmecken und gleich servieren.

Auch Kalbsleber eignet sich gut für dieses Rezept. Wichtig ist, dass sie nicht gesalzen, dafür in Mehl gewendet wird – so brät sie saftig, zart und sogar ein wenig knusprig. Zum Schluss das Gericht dann gut würzen.

TANTE ERIKA RÄT

Eiernockerl mit Paprikahendl

Hähnchenkeulen schmoren mit Paprika in Weißwein, der aromatische Sud wird anschließend mit saurer Sahne püriert. Dazu gibts saftige Eiernockerl.

1. Zwiebel abziehen und würfeln. Paprika waschen, putzen und in Stücke schneiden. Hähnchenkeulen im Gelenk teilen, salzen und pfeffern, mit etwas Mehl einreiben.

2. In einem Topf das Schmalz zerlassen. Bei mittlerer Hitze darin die Hähnchenkeulen rundum anbraten. Herausnehmen und im Bratsatz Zwiebel, Paprikastücke, Tomatenmark und Paprikapulver kurz anbraten. Mit Wein ablöschen. Die Keulen aufs Gemüse legen und den Topf zudecken. Alles bei kleiner Hitze 20 Minuten schmoren lassen.

3. Dann die Hähnchenschenkel aus dem Topf nehmen. Das Gemüse mit 150 Gramm saurer Sahne aufkochen, pürieren und abschmecken. Wer es ganz fein möchte, streicht die Sauce durchs Sieb – sie sollte jetzt cremig, aber nicht zu dick sein.

Zutaten für 4 Personen

1 Zwiebel

1–2 gelbe Paprikaschoten (2 kleine Spitzschoten oder 1 große rundliche)

4 Hähnchenkeulen

Salz, Pfeffer

Mehl zum Einreiben

2 EL Gänse-, Schweine- oder Butterschmalz

1 TL Tomatenmark

1 TL Paprikapulver edelsüß

100 ml trockener Weißwein

200 g saure Sahne

500 g Eiernockerl (Knöpfle; aus der Kühltheke)

Zubereitungszeit:
1 Stunde

4. Die Nockerl nach Packungsaufschrift garen. Von den Hähnchenschenkeln die Haut entfernen, das Fleisch vom Knochen schneiden und in der Sauce erwärmen, diese aber nicht mehr kochen lassen.

5. Die Nockerl in ein Sieb abgießen und abtropfen lassen. Mit dem Paprikahendl auf Tellern anrichten, dabei nach Wunsch noch 1 Klecks saure Sahne aufs Hendl geben.

JETZT NOCH WAS!

Gibts keine Nockerl, sind Spätzle aus der Kühltheke eine gute Alternative. Oder wir machen Nockerl frisch aus Spätzleteig (Seite 95), der durchs Nudelsieb ins Kochwasser gedrückt wird.

LIEBLINGSREZEPT

Milchnudeln mit Traubenkompott

Nudeln kochen mit den Aromen von Vanille, Sternanis und Zitronat in Milch, zum Schluss gibts Zimtsahne obenauf und eingekochte Trauben dazu.

1. Für das Kompott die Trauben waschen, mit Zucker und Saft 2 Stunden durchziehen lassen. Trauben dann in ein Sieb schütten und den Saft in einem Topf auffangen. Davon 4 Esslöffel mit der Stärke verrühren.

2. Den Traubensaft im Topf aufkochen und von der Kochstelle ziehen, die Stärkelösung einrühren und das Ganze unter Rühren 2 Minuten kochen lassen, Trauben zugeben und das Kompott abkühlen lassen.

3. Für die Nudeln die Vanilleschote längs halbieren und das Mark herausschaben. Schote und Mark in einen großen Topf geben. Die Milch sowie den Zucker, die Butter, Sternanis und Zitronat dazugeben und alles erhitzen, aber nicht aufkochen. Von der Kochstelle ziehen und 30 Minuten stehen lassen.

Zutaten für 4 Personen

Für das Traubenkompott

350 g aromatische rote Trauben

2 EL Zucker

¼ l roter Traubensaft

2 EL Speisestärke

Für die Milchnudeln

½ Vanilleschote

750 ml Milch

4 EL Zucker

2 EL Butter

1 Sternanis

50 g Zitronat, fein gewürfelt

250 g Spiralnudeln

100 g Sahne

gemahlener Zimt

Zubereitungszeit:
1 Stunde + 2 Stunden Ziehen + 1 Stunde Abkühlen

4. Vanilleschote und Anis entfernen, die Milch aufkochen. Nudeln einrühren und zugedeckt bei kleiner Hitze 12–15 Minuten quellen lassen, bis die Milch fast ganz aufgesogen ist.

5. Die Sahne mit 1 Prise Zimt steif schlagen. Die Milchnudeln portionieren und mit der Sahne krönen. Mit dem Kompott servieren.

 JETZT NOCH WAS!

Wenn Sie das Gericht mit gebräunter Kruste zubereiten wollen, die mit der Milch vermischten Nudeln im 160 Grad heißen Ofen 30 Minuten in einer Form quellen lassen. Dann mit 1 Esslöffel Zucker übergrillen.

PROBIER'S MAL:
SPÄTZLE SELBER MACHEN

Spätzle, Spatzen, Knöpfle, Eiernockerl – das alles sind Nudeln, die aus einem durch viel Ei geschmeidigen Teig gemacht werden. Wer's kann, schabt sie vom Brett, wir pressen sie wie die meisten Außerschwaben durch die Presse, ein Sieb oder den Hobel. Spätzle sind oft Beilage zu allem, was viel Sauce hat, für Kinder braucht's häufig gar nicht mehr dazu. Und mit Käse verbinden sie sich zu einer köstlichen kulinarischen Droge.

Das wird gebraucht

Es gibt spezielles Spätzlemehl, mit dem der Teig elastischer und die Spätzle bissfester werden. Doch normales Weizenmehl Type 405 tut es auch, vor allem wenn wir mit der Presse arbeiten. Die Eier sollten sehr frisch sein, und ihre Anzahl ist je nach Haushalt, Region und Vorliebe unterschiedlich: Bei 1 Ei pro 100 Gramm Mehl plus 1 extra bei 1 Kilogramm braucht man starke Arme und mag's al dente. Ab 16 Eier pro Kilogramm Mehl wird es dann sehr mächtig. Werden Eier durch je 2 Eigelbe ersetzt, macht es den Teig reicher und die Spätzle fester.

Nach Wunsch kommen ½ bis 1 Teelöffel Salz pro ½ Kilogramm Mehl an den Teig, ein Schluck Sprudelwasser zum Schluss gibt den Spätzle eine etwas »handgemachte« Struktur.

So wird's gemacht

Zuerst die Eier oder noch besser nur die Eigelbe mit Salz verrühren und 5 Minuten stehen lassen, dann wird der Teig besonders golden. Mehl und Salz zugeben und alles mit einem Kochlöffel mit Loch verschlagen, bis der Teig glatt, glänzend und elastisch zäh ist, er bildet dann oft dicke Blasen.

Gut gegart

Nun wird ein großer Topf zu drei Viertel mit gut gesalzenem Wasser (1 Teelöffel je Liter) gefüllt – bei weniger Wasser werden die Spätzle auf dem Weg ins Wasser zu lang und verwinden sich. Wenn das Wasser kocht, die Presse auf den Topfrand setzen, weit aufmachen und mit einer großen Schöpfkelle, die vorher in kaltes Wasser getaucht wird, eine Portion Teig hineingeben – das kalte Wasser verhindert, dass der Teig kleben bleibt.

Den Teig ins Wasser pressen, die Presse kurz schwenken, damit er sich löst und die nach oben steigenden Spätzle sofort mit einer Schaumkelle herausfischen. Mit kaltem Wasser in einem Sieb abbrausen, wenn sie noch als Beilage in Butter geschwenkt werden sollen. Für Kasspatzen gleich heiß in eine Schüssel schichten. Fertig.

Spätzle mit Sauce

Speck wird ausgebraten, und in seinem Fett karamellisieren Zwiebeln, die mit Rotwein und Brühe verkocht werden. Dazu gibts frisch gemachte Spätzle.

1. Für die Sauce die Zwiebeln vierteln und abziehen, dann in Streifen schneiden und mit dem Zucker mischen. Den Speck fein würfeln. Die Petersilie waschen, trocknen und hacken.

2. Den Speck in einem Topf bei mittlerer Hitze 3 Minuten im Öl braten und herausnehmen. Zwiebeln in den Topf geben und bei kleiner Hitze 5 Minuten zugedeckt dünsten.

3. Die Zwiebeln mit 100 Milliliter Wein ablöschen und bei starker Hitze einkochen lassen. Dies noch einmal wiederholen. Nun den übrigen Wein, die Brühe, Speck und Lorbeerblätter dazugeben und alles um gut die Hälfte einkochen. Die Lorbeerblätter rausfischen.

4. Für die Spätzle die Eier mit ½ Teelöffel Salz glatt rühren und 5 Minuten stehen lassen. Jetzt das Mehl so lange mit den Eiern verschlagen, bis

Zutaten für 4–6 Personen

Für die Sauce
2 rote Zwiebeln
1 TL Zucker
100 g durchwachsener Räucherspeck
2 Stängel Petersilie
1 TL Öl
½ l Rotwein
¼ l Rinderbrühe
2 Lorbeerblätter
6 EL kalte Butter
2 Stück Bitterschokolade
Zitronensaft

Für die Spätzle
6 Eier
Salz
400 g Mehl
1 Schluck Mineralwasser
Spätzlepresse
2 EL Butter

Zubereitungszeit:
1 Stunde

der Teig Blasen wirft. Mineralwasser unterschlagen.

5. Einen großen Topf zu drei Viertel mit Salzwasser füllen und dieses zum Kochen bringen. Den Spätzleteig mit einer in kaltes Wasser getauchten Schöpfkelle in die Spätzlepresse geben und ins kochende Wasser pressen. Sobald die Spätzle aufsteigen, diese mit der Schaumkelle in ein Sieb schöpfen und kurz kalt abbrausen. Auf diese Weise den gesamten Teig verarbeiten.

6. Die Spätzle in einer Pfanne in der Butter schwenken und erhitzen, mit Salz abschmecken. Die Sauce aufkochen, von der Kochstelle ziehen und die kalte Butter sowie zuletzt die Bitterschokolade in kleinen Stücken, eins nach dem anderen, einrühren, bis die Sauce schön bindet. Sie darf nicht kochen! Die Sauce mit 1 Spritzer Zitronensaft abschmecken und mit den Spätzle servieren.

Kässpatzen

Frisch gekochte Spätzle werden nach und nach heiß mit würzigem Käse und Röstzwiebeln geschichtet, durchrühren, fertig. – Ofen? Braucht's da keinen.

1. Bergkäse grob reiben, Romadur klein würfeln. Die Zwiebeln abziehen und in Ringe schneiden. Die Butter in einem Topf schmelzen, die Zwiebeln darin bei mittlerer Hitze zugedeckt in 5 Minuten weich dünsten, dann offen bei etwas höherer Hitze in 3–4 Minuten unter Wenden bräunen.

2. Eigelbe mit 1 Teelöffel Salz verrühren und 5 Minuten stehen lassen, das macht ihr Gelb intensiver. Nun die anderen Eier einrühren und dies mit dem Mehl zu einem glatten Teig verschlagen, der Blasen wirft. Zuletzt das Mineralwasser unterschlagen.

3. Einen großen Topf zu drei Viertel mit Salzwasser füllen und dieses zum Kochen bringen, dabei eine große Servierschüssel als Deckel nehmen – so ist sie gleich aufgewärmt. Spätzleteig mit einer in kaltes Wasser getauchten Schöpfkelle in die Spätzlepresse geben und ins kochende Wasser pressen.

Zutaten für 4–6 Personen

200 g Bergkäse (oder Emmentaler)

100 g Romadur oder anderen Rotschmierekäse

2 Zwiebeln

50 g Butter

Für die Spätzle

2 Eigelb

Salz

5 Eier

400 g Mehl

1 Schluck Mineralwasser

Spätzlepresse

Zubereitungszeit:
30 Minuten

4. Sobald die Spätzle aufsteigen, diese mit der Schaumkelle herausnehmen, kurz abtropfen lassen und in die warme Schüssel geben. Mit etwas Käse und Röstzwiebeln bedecken. Die nächste Portion Spätzle zubereiten, ebenso einschichten, darauf Käse und Röstzwiebeln geben. So weitermachen, bis Teig, Käse und Zwiebeln verbraucht sind.

5. Nun die Schüssel gleich zum Tisch bringen und mit einem Kochlöffel gut umrühren, bis der Käse sich zieht. Gleich verteilen.

JETZT NOCH WAS!

Streng genommen gibts hier gar keine Sauce. Aber dafür zieht jede Menge guter Käse schöne Fäden bei diesem Traditionsrezept, da bei Kässpatzen weder gebraten noch gratiniert wird.

Süße Kässpatzen

Wie beim Klassiker werden die Spätzle frisch gekocht und geschichtet, wobei hier karamellisierte Äpfel, milder Käse und Amarettini für Süße und Aroma sorgen.

1. Die Äpfel waschen, schälen, vierteln und entkernen. Apfelviertel quer in Scheiben schneiden. Die Butter in der Pfanne schmelzen, den Zucker einstreuen und bei starker Hitze karamellisieren lassen. Die Äpfel darin in 1–2 Minuten nicht ganz weich dünsten. In eine Schüssel geben und abkühlen lassen.

2. Eier, Mehl und ½ Teelöffel Salz zu einem glatten Teig verschlagen, bis dieser Blasen wirft. Mozzarella und Butterkäse in kleine Würfel schnei-

Zutaten für 4–6 Personen

2–3 aromatische Äpfel (150 g, z. B. Cox Orange)

50 g Butter

50 g Zucker

8 Eier

500 g Mehl

Salz

300 g Mozzarella

300 g Butterkäse

2 Handvoll Amarettini

Spätzlebrett, -presse oder -hobel

Zubereitungszeit:
30 Minuten

den. Die Amarettini in einem Gefrierbeutel grob zerbröseln.

3. Einen Topf zu drei Viertel mit Wasser füllen, etwas Salz zugeben und das Wasser zum Kochen bringen. Mit einer in kaltes Wasser getauchten Schöpfkelle eine Portion Teig per Spätzlebrett, -presse oder -hobel ins kochende Wasser bringen.

4. Sobald die Spätzle nach oben steigen, diese mit einer Schaumkelle herausheben und in eine vorgewärmte Schüssel geben. Darauf eine Lage Äpfel und Käse verteilen. Eine weitere Portion Spätzle garen, herausfischen und einschichten, Äpfel und Käse darübergeben und so weitermachen, bis alles verbraucht ist. Die Amarettini darüberstreuen.

5. Die Schüssel zu Tisch bringen, mit einem Kochlöffel alles miteinander verrühren und auf Teller geben.

JETZT NOCH WAS!

Diese »Mehlspeis« wird nur dann richtig gut, wenn es der Mozzarella auch ist: Sehr frisch soll er sein und am besten aus Büffelmilch. Dann schmilzt er cremig und gibt viel Geschmack.

NUDELN
aus der
Pfanne

Dreimal Nudeln mit Ei

 Einmal kommt das Ei direkt aus der Schale in die Pfanne, einmal wird's erst durchgerührt, und einmal wird's auch noch geformt. Nudeln sind natürlich jedes Mal dabei.

Parmaschinkennudeln

Für 4 Personen 200 Gramm Parmaschinken (oder anderen milden luftgetrockneten Schinken) in Stücke teilen. 1 Handvoll Champignons putzen und in dünne Scheiben schneiden. 1 Bund Schnittlauch waschen, trockenschütteln und in Röllchen schneiden.

Die Champignons in einer großen Pfanne in 4 Esslöffel Butter etwa 1 Minute anbraten. 500 Gramm gekochte Penne (aus 250 Gramm getrockneten) dazugeben, dann Schinken, Schnittlauch und 2 Esslöffel Semmelbrösel hinzufügen. Das Ganze unter Wenden 2–3 Minuten weiterbraten. 4 Eier darüber aufschlagen und die Schinkennudeln unter stetigem Rühren in 1–2 Minuten fertig braten. Mit 2 Esslöffel frisch geriebenem Parmesan bestreuen und servieren. (Rezeptfoto auf Seite 104)

Holsteiner Rühreinudeln

Für 4 Portionen 4 Lauchzwiebeln waschen, putzen und in feine Ringe schneiden, dann mit etwas Salz mischen. 1 Bund Dill waschen und trockenschütteln, die Spitzen hacken. Den Dill mit 100 Gramm gepulten und gegarten Nord-seekrabben vermischen, dabei noch 1 Teelöffel Zitronensaft und weißen Pfeffer zugeben. 4 Eier mit 4 Esslöffel saurer Sahne verrühren.

In einer Pfanne 4 Esslöffel Butter zerlassen und darin die Lauchzwiebeln bei mittlerer Hitze 2 Minuten dünsten. Nun kommen 500 Gramm gekochte Hörnchen dazu (aus 250 Gramm getrockneten), und diese werden unter öfterem Wenden 3–4 Minuten gebraten, bis sie heiß sind.

Dillkrabben untermengen, die Eiermischung darübergießen. Das Rührei kurz stocken lassen, dann ab und zu wenden und mit Salz und Pfeffer würzen – die Eier sollten noch etwas saftig sein. Nudeln von der Kochstelle ziehen, 1 Minute ruhen lassen und servieren.

Hessisches Nudelomelett

Für 4 Personen 1 großes Bund Grüne-Sauce-Kräuter (oder zwei Handvoll gemischte Salatkräuter wie Petersilie, Schnittlauch, Kerbel, Borretsch oder Kresse) waschen, trockenschütteln und die Blätter zupfen, dann grob hacken. 4 Eier mit je 3 Esslöffel Dickmilch und Schmand und 1 Esslöffel Senf sowie 1 Prise Salz verrühren.

In der Pfanne 3 Esslöffel Öl erhitzen. Darin bei mittlerer Hitze 500 Gramm gekochte kleine Suppennudeln (aus 200 Gramm getrockneten, z. B. Sternchen) in 2–3 Minuten anbraten. Kräuter kurz mitbraten, mit Salz und Pfeffer würzen, die Eiermasse darübergießen. Kurz anstocken lassen, dann für etwa 10 Minuten in den 200 Grad heißen Ofen (Ober-/Unterhitze) stellen, bis die Masse ganz gestockt ist. Gleich servieren.

Das Prinzip »Nudeln mit Ei«

Natürlich lassen sich alle Nudeln in der Pfanne mit Ei verbinden, aber am leichtesten zu braten und zu essen sind möglichst kompakte Sorten wie Penne, Hörnchen, Orecchiette oder Fusilli. Werden sie frisch bissfest gekocht, müssen sie gut im Sieb mit kaltem Wasser abgespült werden, damit sie nicht verkleben, und dann gründlich abtropfen lassen. Stehen die Nudeln nach dem Kochen länger oder handelt es sich um Nudelreste, werden sie vor dem Braten mit etwas Öl vermischt. Reste am besten schon 30 Minuten vor dem Braten aus dem Kühlschrank nehmen. Wir rechnen pro Pfanne mit etwa 500 Gramm gekochten Nudeln, die man aus etwa 250 Gramm rohen erhält.

Für die Parmaschinkennudeln werden Pilze angebraten, dazu kommen Penne, Schnittlauch, Schinken und zum Schluss das Ei.

GESCHENKKARTON

Spätzlepuffer und Apfel-Senf-Salat

Spätzle werden mit geriebenem Emmentaler gemischt und in Butter gebacken. Dazu gibts einen Salat aus Äpfeln und Walnüssen mit Senf und saurer Sahne.

1. Für den Salat die Walnusskerne grob hacken und in einer trockenen Pfanne unter Wenden anrösten, bis sie duften. Saure Sahne, Senf und Essig verrühren. Die Äpfel waschen und samt Schale grob reiben, mit dem Sahne-Senf-Dressing vermischen und mit Salz und Pfeffer abschmecken.

2. Für die Spätzlepuffer den Emmentaler grob reiben. Den Schnittlauch waschen und trockenschütteln, dann in Röllchen schneiden. Käse und Schnittlauchröllchen mit den gekochten Spätzle vermischen.

3. In einer Pfanne Butter und Öl erhitzen und mit einem Esslöffel kleine Puffer aus der Spätzlemasse ins Fett setzen, falls nötig leicht mit dem Löffel flach drücken.

Zutaten für 4 Personen

Für den Apfel-Senf-Salat

3 EL Walnusskerne

2 EL saure Sahne

1 EL mittelscharfer Senf

1 TL Apfelessig

2 aromatische Äpfel (z. B. Braeburn, Cox Orange)

Salz, weißer Pfeffer

Für die Spätzlepuffer

250 g Emmentaler (oder anderer würziger Käse)

1 Bund Schnittlauch

600 g gekochte Spätzle (aus 250 g Fertigprodukt)

2 EL Butter, 2 EL Öl

Zubereitungszeit: 20 Minuten

4. Die Puffer auf einer Seite in 1–2 Minuten goldgelb braten, sie dann wenden und in 1–2 Minuten fertig braten. Warm halten, bis alle Puffer gebraten sind, und mit dem Apfel-Senf-Salat servieren.

JETZT NOCH WAS!

Sie können die Spätzle auch selbst frisch aus 400 Gramm Mehl zubereiten nach dem Rezept auf Seite 95. So oder so – wichtig ist, dass sie nach dem Garen gut abgeschreckt und dann abgekühlt werden.

Nudeltortilla mit Spiegelei

Farfalle werden mit Zucchini, Kapern und frischem Koriander gebraten, dann werden die Eier darin »versenkt«, und zum Schluss wird's etwas scharf.

1. Die Zucchini waschen und putzen, dann auf der groben Reibe raspeln. Den Knoblauch abziehen und fein reiben, mit den Zucchini mischen. Koriander waschen und trockenschütteln, die Blätter zupfen.

2. In einer großen Pfanne das Öl stark erhitzen und darin unter Rühren die Zucchini mit den Kapern in 1–2 Minuten bissfest braten. Mit Salz und Pfeffer würzen. (Alternativ mit zwei kleineren Pfannen arbeiten und darin jeweils die Hälfte des Rezepts zubereiten.)

3. Farfalle und Koriander zugeben und auf mittlerer Stufe die Nudeln etwa 2 Minuten unter Wenden bra-

Zutaten für 4 Personen

400 g Zucchini
2 Knoblauchzehen
1 Bund Koriandergrün
4 EL Olivenöl
1 EL Kapern
Salz, schwarzer Pfeffer
500 g gekochte Farfalle (aus 250 g getrockneten)
4 frische Eier
1 TL Pul biber (türkische Paprikapulvermischung)

Zubereitungszeit: 20 Minuten

ten. Abschmecken und vier Mulden formen. Die Eier hineinschlagen und darin bei etwas reduzierter Hitze in 5–6 Minuten stocken lassen. Dann die Eier leicht salzen, Pul biber über alles streuen und das Gericht servieren.

JETZT NOCH WAS!

Wer die Eier ganz gestockt haben möchte, kann einen Deckel aufsetzen. Oder einfach die Pfanne in den 200 Grad heißen Ofen schieben.

Orecchiette mit Pilzen und Meerrettich

 Rustikales mit Kick: Champignons dämpfen mit Wein, Senfkörnern und Majoran, darunter kommt Pasta mit frisch geriebenem Meerrettich.

1. Die Champignons mit Küchenpapier abreiben und die Stielenden abschneiden. Nun die Pilze vierteln. Die Schalotten abziehen und in Ringe schneiden.

2. Das Öl erhitzen und die Schalotten samt Majoran und Senfkörnern

Zutaten für 4 Personen

250 g Champignons
3 Schalotten
4 EL Öl
1 TL getrockneter Majoran
1 TL Senfkörner
Salz, schwarzer Pfeffer
50 ml trockener Weißwein
500 g gekochte Orecchiette (aus 250 g getrockneten)
1 TL Zitronensaft
2 EL Meerrettich, frisch gerieben

Zubereitungszeit:
20 Minuten

darin bei mittlerer Hitze zugedeckt 3 Minuten dünsten.

3. Nun bei starker Hitze die Pilze darin unter ständigem Rühren kurz anbraten. Mit Salz und Pfeffer würzen, mit Weißwein ablöschen und sofort einen Deckel aufsetzen. Die Pilze 1 Minute dämpfen.

4. Den Deckel abnehmen und bei mittlerer Hitze die Orecchiette mit den Pilzen erhitzen und anbraten. Das Ganze abschmecken, Zitronensaft und Meerrettich zugeben und das Gericht gleich servieren.

TANTE ERIKA RÄT

Bei dieser Zubereitung werden die Pilze unter starker Hitze in Weindampf gegart, was ihnen schnell einen schönen Biss gibt. Wichtig ist, dass der Deckel sofort auf die Pfanne kommt und dort auch bleibt.

BLITZREZEPT
Rahmspinatnudeln mit Käse

Ein Auflauf ohne Ofen: Spiralnudeln dünsten in der Pfanne mit Rahmspinat aus dem Tiefkühler, dann kommen Käsescheiben darauf, und alles verbindet sich unterm Deckel.

1. Die Nudeln in reichlich Salzwasser nach Packungsaufschrift bissfest garen, dann in ein Sieb abgießen.

2. Inzwischen die Butter in einer Pfanne mit Deckel zerlassen. Dann zugedeckt den Rahmspinat bei mittlerer Hitze in der Butter auftauen und heiß werden lassen, das dauert etwa 5 Minuten.

3. Die noch heißen Nudeln dazugeben und mit dem Spinat vermengen, dabei mit Salz, Pfeffer und Muskatnuss würzen. 1 Minute offen dünsten, dabei öfters rühren.

4. Nun die Hitze reduzieren, Nudeln in der Pfanne glatt streichen, den Käse darauf verteilen und den Deckel wieder auflegen. Die Nudeln noch 5 Minuten bei kleiner Hitze ziehen lassen. Dann ist der Käse geschmolzen und in die Nudeln eingezogen, sodass sich die Rahmspinatnudeln in Stücke schneiden und verteilen lassen.

Zutaten für 4 Personen

250 g Spiralnudeln
Salz
2 EL Butter
100 g tiefgekühlter Rahmspinat
weißer Pfeffer
frisch geriebene Muskatnuss
100 g aromatischer Käse in Scheiben (z. B. Gouda, Emmentaler oder Cheddar)

Zubereitungszeit: 20 Minuten

JETZT NOCH WAS!

Dieses Blitzrezept funktioniert natürlich auch mit frischem Blattspinat: 200 Gramm putzen, waschen und kurz in kochendem Salzwasser blanchieren. Dauert dann insgesamt 20 Minuten länger.

Penne mit Tomaten und Speckbohnen

Speck wird langsam ausgebraten, dann garen darin Bohnen mit Rosmarin. Zum Schluss kommen Tomaten und Penne dazu. Rustikal-mediterran.

1. Den Speck in nicht zu feine Würfel oder Streifen schneiden und im Öl in einer zugedeckten Pfanne in 2–3 Minuten bei kleiner Hitze ausbraten.

2. Die Bohnen waschen, putzen und in 3 Zentimeter lange Stücke schneiden. Rosmarin waschen und trockenschütteln, die Nadeln abstreifen. Kirschtomaten waschen und halbieren oder vierteln.

3. Die Bohnen samt Rosmarin zum Speck geben und zugedeckt in 4–5 Minuten knackig braten.

Zutaten für 4 Personen

150 g aromatischer Speck, z. B. italienischer Pancetta

3 EL Olivenöl

250 g grüne Bohnen

4–6 Zweige Rosmarin

250 g Kirschtomaten

500 g gekochte Penne (aus 250 g getrockneten)

Salz, schwarzer Pfeffer

Parmesan, frisch gerieben

Zubereitungszeit:
30 Minuten

Kirschtomaten zu den Speckbohnen geben und bei mittlere Hitze 1–2 Minuten ohne Deckel braten.

4. Die Nudeln dazugeben und 2 Minuten erhitzen und mitbraten. Mit Salz und Pfeffer abschmecken und mit frisch geriebenem Parmesan servieren.

TANTE ERIKA RÄT

Parmesan oder nicht? Bei würzigen Gerichten wie diesen nehme ich immer etwas dazu, frisch gerieben natürlich. Ist Fisch im Spiel, bin ich mit Parmesan eher zurückhaltend – denn Fisch mag selten Käse.

Nudelgröstl mit Zander und Rucola

 Zander wird mit Wacholder auf der Haut knusprig gebraten, dann kommen rote Zwiebeln und Farfalle in den Bratsatz, zum Schluss wird alles mit Rucola gemischt.

1. Das Zanderfilet trockentupfen und die Hautseite mit Salz einreiben. Die Zwiebel halbieren, abziehen und in Halbringe schneiden. Diese mit etwas Salz vermischen. Rucola waschen, trockenschütteln, von den Stielen befreien und in mundgerechte Stücke teilen.

2. Wacholderbeeren mit der Fläche einer breiten Messerklinge oder mit einem schweren Topf zerdrücken und in einer großen Pfanne im Öl erhitzen. Die Haut des Zanders trockenwischen und die Filets, Haut nach unten, ins heiße Fett legen. Den Fisch salzen und pfeffern. 2–3 Minuten bei mittlerer Hitze ohne Wenden braten, bis die Haut knusprig und das Filet fast durchgebraten ist. Aus der Pfanne nehmen.

3. Im Bratsatz die Zwiebel bei mittlerer Hitze 2 Minuten braten und

Zutaten für 4 Personen

400 g Zanderfilet, möglichst mit Haut
Salz
1 kleine rote Zwiebel
1 Bund Rucola
5 Wacholderbeeren
3 EL Öl
weißer Pfeffer
500 g gekochte Farfalle (aus 250 g getrockneten)
1 EL Butter
Zitronensaft

Zubereitungszeit:
30 Minuten

bräunen. Die Farfalle zugeben, mit Salz und Pfeffer würzen, unter Wenden 1–2 Minuten braten.

4. Die Zanderfilets quer in fingerbreite Streifen schneiden. Nudeln in der Pfanne beiseite schieben, die Butter auf dem Pfannenboden schmelzen lassen, Zanderstreifen hineingeben und kurz erhitzen. Rucola und 1 Spritzer Zitronensaft zugeben und alles behutsam vermengen. Gleich servieren.

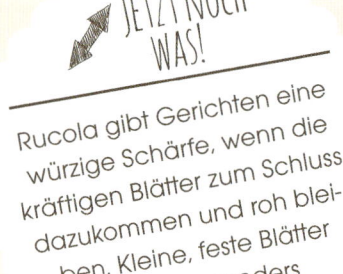

JETZT NOCH WAS!

Rucola gibt Gerichten eine würzige Schärfe, wenn die kräftigen Blätter zum Schluss dazukommen und roh bleiben. Kleine, feste Blätter haben besonders viel Aroma.

Nudeln mit Calamari und Cedra-Zitronen

Asiatisch-mediterrane Mixtur in allen Geschmacksrichtungen: Tintenfische werden scharf gewürzt, knusprig frittiert und mit süß-sauer-herb gedünsteten Nudeln serviert.

1. Zitrone heiß abwaschen, Enden abschneiden. Die Frucht längs vierteln. Viertel quer in ½ Zentimeter dicke Scheiben schneiden. Chili waschen, putzen, halbieren, ohne Kerne quer in Streifen schneiden. Knoblauch abziehen, fein würfeln. Lauchzwiebeln waschen, putzen und in feine Ringe schneiden.

2. Die Nudeln in reichlich kochendem Salzwasser nach Packungsaufschrift nicht ganz bissfest kochen und im Sieb kalt abspülen, bis sie abgekühlt sind. Mit 1 Esslöffel Öl mischen und beiseite stellen. Calamari kurz abspülen und mit Küchenpapier gut trockentupfen. Pfeffer grob zerstoßen, in einem großen Gefrierbeutel mit Salz und Stärke mischen. In einem weiten Topf das Frittierfett auf 170–180 Grad erhitzen.

3. Im übrigen Öl in einem Wok oder einer großen Pfanne bei starker Hitze Chili, Knoblauch und Lauchzwiebeln

Zutaten für 4 Personen

Für die Nudeln

1 Cedra-Zitrone (300 g, siehe Tipp)

1 rote Chilischote

1 Knoblauchzehe

2 Lauchzwiebeln

250 g Fadennudeln (bzw. Vermicelli oder feine Reis-/Glasnudeln)

Salz

3 EL Olivenöl

2 EL Butter

½ TL brauner Zucker

Für die Calamari

300 g kleine geputzte Calamari

je ½ TL schwarze und Sichuan-Pfefferkörner (oder 1 TL schwarzer Pfeffer)

1 TL mittelfeines Meersalz (Fleur de Sel)

100 g Speisestärke

1 l Frittierfett

Zubereitungszeit:
30–40 Minuten

30 Sekunden unter Rühren braten. Bei mittlerer Hitze Zitronenscheiben und Butter zugeben, mit Salz und Zucker in 1–2 Minuten bissfest braten. Nudeln dazugeben und in 2–3 Minuten unter Wenden erhitzen. Abschmecken.

4. Calamari in die Gewürzmischung im Gefrierbeutel geben, diesen gut verschließen, alles gut durchschütteln. Überschüssige Stärke abklopfen und die Calamari im heißen Frittierfett in 1–2 Minuten knusprig frittieren. Herausnehmen, abtropfen lassen und mit den Nudeln servieren.

JETZT NOCH WAS!

Ein eher anspruchsvolles Rezept, doch der Aufwand lohnt sich, auch bei der Zubereitung: Cedra- oder auf Deutsch Zedrat-Zitronen haben eine besonders dicke feinherbe Schale, die mitgegessen werden kann.

Nudeltempura mit Meeresfrüchten

Ein verblüffender Snack aus Asien: Fischfilet, Garnelen und Paprika werden mit Glasnudeln »paniert« und dann frittiert, was die Nudeln aufpuffen lässt. Dazu: Rettich-Soja-Dip.

1. Fischfilet in 5 Zentimeter lange Stücke teilen. Von den Garnelen falls nötig die dunklen Darmstränge ziehen (dazu den Rücken leicht einschneiden). Paprikaschoten waschen, putzen und vierteln, die Viertel quer in drei Stücke teilen.

2. Für den Dip den Rettich schälen und fein reiben, mit der Sojasauce und dem Zucker verrühren und beiseite stellen.

Zutaten für 4 Personen

400 g Kabeljaufilet

12 geschälte Garnelenschwänze

1 grüne Paprikaschote

1 gelbe Paprikaschote

50 g weißer Rettich

100 ml Sojasauce

1 TL brauner Zucker

1,5 kg Frittierfett

120 g Mehl

2 Eiweiß

150 g nicht zu feine und möglichst gerade Glasnudeln

Salz, weißer Pfeffer

Zubereitungszeit:
45 Minuten

3. Das Frittierfett in einem Wok oder einem großen Topf auf 170–180 Grad erhitzen. Das Mehl in eine Schüssel geben, die Eiweiße verschlagen und in eine zweite Schüssel geben. Glasnudeln in einem Gefrierbeutel in kleine Stücke brechen und in eine weitere Schüssel geben.

4. Zum Test, ob das Fett heiß genug ist, eine Glasnudel hineingeben. Geht sie gleich auf, ist die richtige Temperatur erreicht. Nun portionsweise Fisch, Garnelen und Paprikastücke mit Salz und Pfeffer würzen, dann in Mehl wenden, in Eiweiß tauchen und schließlich in den Glasnudeln wenden.

5. Die Stücke portionsweise ins heiße Fett geben und garen, bis die Nudeln schön »aufgepufft« sind. Aus dem Fett fischen, kurz auf Küchenpapier geben und mit dem Rettichdip servieren.

 JETZT NOCH WAS!

Glasnudeln werden aus Stärke – etwa aus der Mungobohne – hergestellt. Beim Kochen werden sie glasig, beim Frittieren gehen sie luftig auf. Man kann sie auch mit der Schere klein schneiden.

Gebratene Reisnudeln mit Garnelen

 Feine Reisnudeln braten nach Thai-Art mit Knoblauch und Chili im Wok, dazu kommen Garnelen, Ei, Sojasprossen sowie Fischsauce mit Limettensaft und etwas braunem Zucker.

1. Die Reisnudeln nach Packungsaufschrift in reichlich ungesalzenem Wasser fast bissfest garen, in ein Sieb gießen und mit kaltem Wasser abkühlen. Mit 1 Esslöffel Öl mischen.

2. Chilis waschen, putzen und der Länge nach halbieren. Kerne entfernen, die Hälften quer in Streifen schneiden. Knoblauch abziehen und würfeln, Schnittlauch waschen, trockenschütteln und in 2 Zentimeter lange Röllchen schneiden. Die Sojasprossen im Sieb abbrausen und trockentupfen. Erdnusskerne grob hacken und im trockenen Wok bei mittlerer Hitze rösten, bis sie duften. Herausnehmen.

3. Garnelen kalt abspülen und trockentupfen. Am Rücken leicht einschneiden und den dunklen Darmstrang entfernen. Im heißen Wok 1 Esslöffel Öl kreisen lassen und abgießen. 1 weiteren Esslöffel Öl im Wok erhitzen, die Garnelen darin

Zutaten für 4 Personen

200 g schmale Reisnudeln

5 EL Öl

1–2 kleine rote Chilischoten

3 Knoblauchzehen

1 Bund asiatischer Schnittlauch (ersatzweise 2 Bund normaler Schnittlauch)

2 Handvoll Sojasprossen

100 g Erdnusskerne

12 geschälte Garnelenschwänze

2 Eier

2 EL asiatische Fischsauce

2 TL Zucker

Saft von ½ Limette

Zubereitungszeit: 30–40 Minuten

unter Rühren 1 Minute bei starker Hitze braten und herausnehmen.

4. 1 Esslöffel Öl im Wok erhitzen und die Eier hineinschlagen. Sofort verrühren, bis sie nach 1 Minute gebräunt sind. Zu den Garnelen geben. Fischsauce, Zucker und Limettensaft verrühren.

5. Das übrige Öl in den Wok geben und Chili, Knoblauch sowie Hälfte des Schnittlauchs darin 30 Sekunden unter Rühren braten. Nudeln darin unter Rühren bei mittlerer Hitze kurz mitbraten, dann Eier, Garnelen sowie die Hälfte der Sprossen und Nüsse dazugeben. Den Fischsauce-Mix zugeben und alles noch 1 Minute unter Rühren braten.

6. Reisnudeln auf Schalen verteilen, übrige Sprossen und Nüsse sowie übrigen Schnittlauch mischen und darüberstreuen.

Gebratene Eiernudeln mit Kürbis

Scheiben vom Hokkaido ziehen in einer süß-scharfen Soja-Sesam-Marinade und werden dann mit chinesischen Nudeln geschmort. Mit Koriander im Finale!

1. Den Knoblauch abziehen und fein würfeln. Mit Honig, der Hälfte der Sojasauce, Chilisauce und Sesam verrühren.

2. Kürbis waschen, halbieren und entkernen, die Hälften in Spalten teilen und diese quer in 1 Zentimeter dicke Scheiben schneiden. Mit der Soja-Marinade vermengen.

3. Die Eiernudeln ohne Salz in reichlich kochendem Wasser nach Packungsaufschrift bissfest garen, in ein Sieb gießen und mit kaltem Wasser abkühlen, abtropfen lassen. Koriander waschen und trockenschütteln, die Blätter abzupfen.

4. Kürbisstücke in einem Sieb abtropfen lassen, die Marinade dabei auffangen. Den Wok erhitzen und 1 Esslöffel Öl darin kreisen lassen,

Zutaten für 4 Personen

1 Knoblauchzehe
2 EL Honig
80 ml Sojasauce
2 EL süße Chilisauce
1 EL Sesamsamen
1 kg Hokkaidokürbis
400 g chinesische Eiernudeln
1 Bund Koriandergrün
4 EL Öl
5 EL Gemüsebrühe

Zubereitungszeit:
30 Minuten

abgießen. Nun das übrige Öl zugeben und bei mittlerer Hitze die Kürbisstücke darin 1 Minute unter Rühren braten.

5. Die gut abgetropften Nudeln kurz mitbraten. Übrige Marinade, restliche Sojasauce und Brühe verrühren und in den Wok geben, alles noch 1 Minute unter Rühren garen. Den Koriander unterziehen und das Gericht gleich servieren.

 JETZT NOCH WAS!

Hokkaidokürbis kann mit seiner Schale verwendet werden und ist schneller gar, als man denkt. Ihn 1 bis 2 Minuten zu braten reicht, sonst werden die Stücke zu weich und matschig.

Bami Goreng

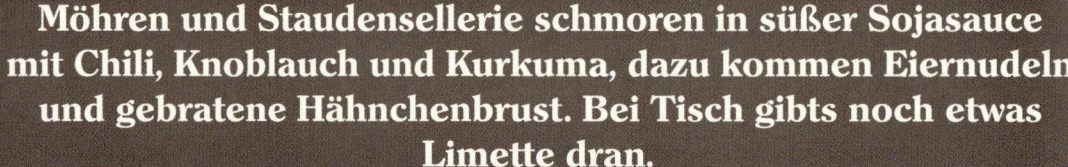

Möhren und Staudensellerie schmoren in süßer Sojasauce mit Chili, Knoblauch und Kurkuma, dazu kommen Eiernudeln und gebratene Hähnchenbrust. Bei Tisch gibts noch etwas Limette dran.

1. Die Nudeln in reichlich ungesalzenem Wasser nach Packungsaufschrift kochen, in ein Sieb abgießen und mit kaltem Wasser völlig abkühlen und abtropfen lassen.

2. Chilischoten waschen, putzen und in Ringe schneiden – je nach Schärfe mit (schärfer) oder ohne Kerne. Knoblauch abziehen und würfeln, die Lauchzwiebeln waschen, putzen und in Röllchen schneiden. Dies alles mit 1 Teelöffel Kurkuma mischen.

3. Hähnchenbrustfilet in Scheiben schneiden und mit der übrigen Kurkuma und 1 Esslöffel Sojasauce mischen. Möhren schälen und grob raspeln, Staudensellerie waschen, putzen und in dünne Scheiben schneiden.

4. Einen Wok oder eine große Pfanne erhitzen, darin 1 Esslöffel Öl kreisen lassen und wieder abgießen.

Zutaten für 4 Personen

250 g indonesische oder chinesische Eiernudeln

2–3 kleine grüne Chilischoten (je nach Lust auf Schärfe)

4 Knoblauchzehen

2 Lauchzwiebeln

2 TL gemahlene Kurkuma

300 g Hähnchenbrustfilet ohne Haut

3 EL Sojasauce

100 g Möhren

100 g Staudensellerie

5 EL Öl

2 EL Kejap manis (süße indonesische Sojasauce)

1 Limette

Zubereitungszeit:
30 Minuten

2 Esslöffel Öl im Wok erhitzen und darin die Hähnchenscheiben in 1–2 Minuten unter Rühren nicht ganz durchbraten und herausnehmen.

5. Weitere 2 Esslöffel Öl im Wok erhitzen, darin die Chili-Knoblauch-Mischung bei starker Hitze unter ständigem Rühren 30 Sekunden braten. Das Gemüse 2 Minuten mitbraten. Mit Kejap manis und übriger Sojasauce ablöschen und bei mittlerer Hitze kurz kochen lassen.

6. Nudeln und Hähnchen zugeben und unter Rühren in 1–2 Minuten leicht anbraten und erhitzen. Das Bami Goreng in Schalen füllen und mit der geviertelten Limette zum Beträufeln servieren.

Lamb Noodles

Im eigenen Fett brät Lammfleisch mit Knoblauch und Rosmarin rosa, dann kommen Penne, Sellerie und Oliven in den Bratsatz und das Fleisch wieder dazu.

1. Von den Lamb-Chops den Fettrand abschneiden und diesen würfeln. Das Fleisch von den Knochen lösen und in 2 Zentimeter dicke Streifen schneiden. Weiteres Fett ebenfalls von den Knochen lösen.

2. In einer großen Pfanne bei kleiner Hitze das Lammfett in 5 Minuten im Öl auslassen. Inzwischen den Knoblauch abziehen und halbieren, Rosmarin waschen und trockenschütteln. Den Sellerie schälen und klein würfeln, das Olivenfleisch von den Kernen schneiden.

3. Die Grieben (die ausgelassenen Fettstückchen) aus dem Fett nehmen, den Rosmarin, den rosa Pfeffer und den Knoblauch auf den Schnittflächen im Fett 1 Minute braten. Nun bei mittlerer Hitze die Lammstreifen darin knapp 1 Minute braten, sodass

Zutaten für 4 Personen

4 Lamm-Chops (doppelte Lammkoteletts)
2 EL Olivenöl
2 Knoblauchzehen
2 Zweige Rosmarin
250 g Knollensellerie
50 g grüne Oliven mit Stein
1 TL rosa Pfefferkörner
50 g schwarze Oliven mit Stein
Salz
500 g gekochte Penne (aus 250 g getrockneten)

Zubereitungszeit:
30–40 Minuten

sie noch rosa sind. Herausnehmen, Rosmarinnadeln und Knoblauch hacken und samt Pfefferkörnern mit dem Fleisch vermischen.

4. Im Bratsatz den Sellerie bei mittlerer Hitze unter öfterem Wenden in 2–3 Minuten bissfest braten und salzen. Nun die Penne und die Oliven zugeben und unter öfterem Wenden 2–3 Minuten braten und erwärmen. Das Fleisch noch 1 Minute mitbraten. Die Lamb Noodles abschmecken und servieren.

 JETZT NOCH WAS!

Lamm muss man wirklich mögen, wenn man sich an dieses Rezept macht – denn das Braten im eigenen Fett erhöht das arttypische Aroma des Fleisches noch. Für Fans jedoch ein Genuss!

Enten-Gnocchi

Eine große Entenbrust wird »kalt« angebraten, dann kommen Zwiebel, Möhren, Thymian sowie ein wenig Zimt in den Bratsatz und zum Schluss die Gnocchi mit der Entenbrust.

1. Die fette Hautseite der Entenbrust kreuzförmig einschneiden. Mit dieser Seite nach unten die Entenbrust in eine kalte Pfanne legen und bei mittlerer Hitze auf den Herd stellen. Braten, bis das meiste Fett ausgetreten und die Haut knusprig ist. Die Entenbrust wenden und noch 2–3 Minuten braten. Auf einen Teller legen und abkühlen lassen.

Zutaten für 4 Personen

1 große Barbarie-Entenbrust (etwa 400 g)
1 weiße Zwiebel
200 g Möhren
6 Zweige Thymian
Salz, weißer Pfeffer
gemahlener Zimt
500 g bratfertige Gnocchi

Zubereitungszeit:
20 Minuten

2. Inzwischen die Zwiebel halbieren, abziehen und in Würfel schneiden, die Möhren schälen und grob raspeln. Thymian waschen, trockenschütteln und die Blätter abstreifen.

3. Im Bratsatz die Zwiebel unter Rühren in 1–2 Minuten bei mittlerer Hitze bräunen, Möhren und Thymian zugeben, mit Salz, Pfeffer und 1 Prise Zimt würzen und das Gemüse in 2–3 Minuten bissfest braten.

4. Entenbrust in dünne Scheiben schneiden. Gnocchi in der Pfanne unter Schwenken in 3–4 Minuten braten und erwärmen, in der letzten Minute die Entenbrust mitbraten. Das Gericht abschmecken und servieren.

 JETZT NOCH WAS!

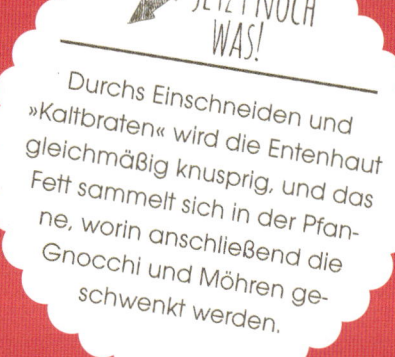

Durchs Einschneiden und »Kaltbraten« wird die Entenhaut gleichmäßig knusprig, und das Fett sammelt sich in der Pfanne, worin anschließend die Gnocchi und Möhren geschwenkt werden.

PROBIER'S MAL:
SCHUPFNUDELN
SELBER MACHEN

Sie heißen auch Bubespitzle – aber selbst für diese gilt wie für die Schupfnudeln, dass sie nur echt sind mit der Kartoffel drin; reine Mehlprodukte aus dem Kühlregal gelten nicht. Wie Spätzle sind Schupfnudeln oft Beilage zu Saucengerichten und dabei fast noch deutscher als die schwäbischen Supereiernudeln. Besonders, wenn sie mit Speck und Sauerkraut gebraten werden.

Das wird gebraucht

Spät im Jahr angebotene mehligkochende Kartoffelsorten wie Adretta oder Likaria sind ideal für Schupfnudeln, da sie dem Teig Halt geben und intensiv schmecken. Sie werden am besten in der Schale gekocht, damit sie nicht zerfallen und verwässern. Man kann sie sofort heiß pressen und verarbeiten, wir lassen sie lieber über Nacht ruhen und reiben sie dann, weil es die Schupfnudeln aromatischer macht. Dazu kommen aufs Kilo 1 Ei, 1 Teelöffel Salz und je nach Mehligkeit der Kartoffeln 70–100 Gramm Mehl.

So wird's gemacht

Die gekochten Kartoffeln pellen und über Nacht abgedeckt »reifen« lassen. Nun reiben, dann locker mit dem Mehl (erst einmal eine kleine Menge) und Salz vermengen und zum Schluss das Ei zugeben. Die Masse sollte nicht zu weich und gut formbar sein, dabei nicht kleben. Sonst noch etwas Mehl zugeben.

Nun auf bemehlter Fläche mit bemehlten Händen gut daumendicke Rollen aus der Masse formen und in zwei Fingerbreit lange Stücke schneiden. Diese zwischen den verschränkten und leicht gewölbten Händen mit Mehl behutsam zu langen Nudeln formen, die an den Enden spitz zulaufen – das braucht ein bisschen Übung, aber wenn die »Spitzle« fehlen, ist es auch nicht schlimm.

Gut gegart

Die Schupfnudeln in einen großen, weiten Topf mit kochendem Salzwasser portionsweise geben und garen, bis sie nach oben steigen, was einige Minuten dauert. Dann bei kleiner Hitze noch 10 Minuten ziehen lassen. Mit der Schaumkelle herausheben, gut abtropfen lassen und dann noch kurz in Butter braten.

Schupfnudeln mit Kraut

> **Aus mehligen Kartoffeln werden frische Schupfnudeln zubereitet, die im Speckfett braten und schließlich mit würzigem Sauerkraut vermischt werden.** ⟨⟨

1. Die Kartoffeln in der Schale in Salzwasser in 20–25 Minuten bissfest kochen, heiß pellen und über Nacht auskühlen lassen. Die Kartoffeln fein reiben, 70 Gramm Mehl untermengen, dann das Ei samt 1 kräftigen Prise Salz und noch so viel Mehl zugeben, dass die Masse nicht mehr klebrig ist.

2. Aus der Masse mit Mehl auf der Arbeitsfläche gut daumendicke Rollen formen und diese in 3 Zentimeter lange Stücke schneiden. Diese mit

Zutaten für 4–6 Personen

1 kg mehligkochende Kartoffeln

Salz

70–100 g Mehl

1 Ei

1 Zwiebel

Zucker

4 EL Schmalz oder Öl

600 g Sauerkraut

200 g durchwachsener Räucherspeck

Zubereitungszeit:
1 Stunde 30 Minuten
+ 1 Nacht Auskühlen

Mehl zwischen den Handflächen zu fingerdicken Röllchen mit spitzen Enden drehen. Auf einem bemehlten Blech aufheben.

3. Zwiebel abziehen und in Streifen schneiden, dann mit 1 Prise Zucker in 2 Esslöffel Schmalz oder Öl andünsten. Sauerkraut dazugeben und heiß werden lassen.

4. Schupfnudeln in reichlich kochendem Wasser aufwallen und auf der ausgeschalteten Kochstelle noch 10 Minuten gar ziehen lassen. Den Speck würfeln und in einer großen Pfanne im übrigen Fett auslassen.

5. Schupfnudeln aus dem Wasser heben, gut abtropfen lassen und samt dem Speck von allen Seiten 2–3 Minuten bräunen, Sauerkraut untermischen und zugedeckt noch 2 Minuten stehen lassen.

 JETZT NOCH WAS!

Wenn das Sauerkraut viel Flüssigkeit enthält, sollte es am besten in einem Sieb gut ausgedrückt werden, bevor es in die Pfanne kommt, sonst kocht es, statt zu dünsten.

130

Schupfnudeln mit Wirsing und Nüssen

Der Wirsing wird mit Oregano gebraten. Dann kommen die Schupfnudeln dazu und zum Schluss würziger Käse und geröstete Haselnüsse.

1. Wirsing von Strunk und groben Blattrippen befreien, dann in fingerdicke Streifen schneiden. Zwiebel halbieren, abziehen und in Halbringe schneiden. Den Käse würfeln.

2. Nüsse grob hacken, mit 1 Esslöffel Öl, dem Zucker und ½ Teelöffel Salz in einem Töpfchen bei kleiner Hitze unter Rühren anrösten, bis es duftet.

3. In einer großen Pfanne im übrigen Öl die Zwiebel bei mittlerer Hitze samt Oregano zugedeckt in 2–3 Minuten weich dünsten.

4. Wirsing in einem Sieb abbrausen, tropfnass in die Pfanne geben, salzen und pfeffern, 2 Minuten zugedeckt dünsten. Dann den Wirsing offen in 2–3 Minuten bissfest dünsten. In der Pfanne beiseite schieben.

5. Die Butter auf dem Pfannenboden schmelzen. Die Schupfnudeln darin 2–3 Minuten braten und

Zutaten für 4 Personen

300 g Wirsing (¼–½ Kopf)

1 rote Zwiebel

100 g alter Gouda oder Chester

100 g Haselnusskerne

3 EL Olivenöl

1 TL brauner Zucker

Salz

1 TL getrockneter Oregano

schwarzer Pfeffer

2 EL Butter

500 g Schupfnudeln (fertig aus der Kühltheke oder frisch gekocht, Rezept Seite 129)

Zubereitungszeit:
30–40 Minuten (+ 1 Stunde und 1 Nacht Ruhen bei selbst gekochten Schupfnudeln)

erwärmen, dann mit dem Wirsing mischen und noch 1 Minute braten. Abschmecken, Nüsse und den Käse darüberstreuen und das Gericht in der Pfanne servieren.

Die Röstnüsse schmecken an vielen Arten von Nudeln gut. Ich schwenke sie auch gerne mit Gnocchi an oder nur mit ein paar Tagliatelle, dann kommen zum Schluss noch Petersilie und Parmesan dazu.

TANTE ERIKA RÄT

131

Handgewutzelte Mohnnudeln

》 **Aus einem Knödelteig mit Mehl und Grieß werden dicke Nudeln »gewutzelt« und gegart, dann kommt das Finale in Mohnbutter mit viel Puderzucker.** 《

1. Die Kartoffeln waschen und mit 1 Teelöffel Salz in Wasser in 20–25 Minuten bissfest kochen. Abgießen, heiß pellen und über Nacht auskühlen lassen.

2. Am nächsten Tag 50 Gramm Butter schmelzen und abkühlen lassen. Die Kartoffeln fein reiben und mit der abgekühlten Butter, mit Mehl, Grieß und den Eigelben vermengen, sodass eine nicht mehr klebende, aber formbare Masse entsteht. Mit Salz leicht würzen.

3. Von der Masse walnussgroße Stücke abnehmen und mit bemehlten Händen zu dicken Nudeln abrollen (»handwutzeln«). Diese mit Mehl bestäuben und 15 Minuten auf einem Blech ruhen lassen.

Zutaten für 4 Personen

800 g mehligkochende Kartoffeln

Salz

100 g Butter

100 g Mehl (etwa)

50 g Grieß

3 Eigelb

50 g gemahlener Mohn

50 g Puderzucker

Zubereitungszeit:
1 Stunde 15 Minuten
+ 1 Nacht Auskühlen

4. Die Nudeln in reichlich kochendes und leicht gesalzenes Wasser geben, die Hitze auf kleinste Stufe schalten und die Nudeln 10 Minuten darin ziehen lassen.

5. Übrige Butter zerlassen und mit dem Mohn mischen. Die Nudeln gut abtropfen lassen und in der Mohnbutter 1 Minute dünsten. Auf Tellern verteilen und dick mit Puderzucker übersieben.

JETZT NOCH WAS!

Wenn Sie diese Mehlspeise mit ein wenig Biss mögen, können Sie auch ganze Mohnsamen verwenden. Diese kurz in der trockenen Pfanne anrösten, dann erst die Butter zugeben und schmelzen.

Nudeln aus dem Ofen

MIT ZUCCHINI, KRABBEN & SALAMI >>>
Dreimal Muffins

 Reichlich Eier werden mit Sahne oder Frischkäse verrührt und über eine Nudelmischung im Muffinblech gegossen. Dies stockt dann langsam im Ofen.

Spaghetti-Muffins mit Zucchini

250 Gramm Spaghetti in reichlich Salzwasser nach Packungsaufschrift fast bissfest garen. In ein Sieb gießen und mit kaltem Wasser abschrecken. Spaghetti gut abtropfen lassen und etwas hacken. 50 Gramm Pinienkerne in einer trockenen Pfanne anrösten. 250 Gramm Zucchini waschen, putzen und grob raspeln, mit 1 guten Prise Salz mischen. 100 g Maiskörner im Sieb abspülen, 100 Gramm Raclettekäse würfeln. Dies alles mit den Spaghetti vermischen und in ein gebuttertes 12er-Muffinblech füllen.

6 Eier, je 5 Esslöffel Sahne und Ricotta sowie 50 Gramm geriebenen Parmesan miteinander verrühren, mit Salz und Pfeffer abschmecken. Über die Spaghetti verteilen und 5 Minuten stehen lassen. Die Muffins 15–20 Minuten im heißen Ofen garen und servieren. Dazu schmeckt Tomatensauce.

Farfalle-Muffins mit Krabben, Spargel und Safran

250 Gramm Farfalle in reichlich Salzwasser nach Packungsaufschrift fast bissfest garen. In ein Sieb gießen und mit kaltem Wasser abschre-

cken. 1 Döschen Safranfäden (0,1 Gramm) mit 2 Esslöffel Cognac verrühren. 150 Gramm grünen Spargel waschen, im unteren Drittel schälen und die Enden abschneiden. Die Stangen schräg in dünne Scheiben schneiden und mit 1 guten Prise Salz mischen. 150 Gramm Krabben im Sieb abspülen. Alles mit den Farfalle mischen und die Mischung in ein gebuttertes 12er-Muffinblech füllen. 6 Eier mit dem Cognac sowie mit je 5 Esslöffel Milch und Crème fraîche verrühren, mit Salz und Pfeffer abschmecken. Über die Farfalle verteilen und 5 Minuten stehen lassen. Für 15–20 Minuten im heißen Ofen garen und servieren. (Rezeptfoto auf Seite 138 links)

Fusilli-Muffins mit Salami und Oliven

250 Gramm Fusilli in reichlich Salzwasser nach Packungsaufschrift fast bissfest garen. In ein Sieb gießen und mit kaltem Wasser abschrecken. 200 Gramm Salami in Scheiben aufeinander legen und in Viertel schneiden. Von je 10 schwarzen und grünen Oliven mit Stein das Fruchtfleisch herunterschneiden. 1 Bund glatte Petersilie waschen und trockenschütteln, die Blätter hacken. Alles mit den Fusilli vermischen, die Mischung in ein gebuttertes 12er-Muffin-

blech füllen. 6 Eier mit 100 Gramm Ziegenfrisch-käse und 5 Esslöffel Gemüsebrühe verrühren, mit Salz und Pfeffer abschmecken. Dies über die Fusilli gießen, das Ganze 5 Minuten stehen lassen. Die Muffins 15–20 Minuten im heißen Ofen garen. (Rezeptfoto auf Seite 138 rechts)

Das Prinzip »Nudelmuffins«

So wie bei den süßen kleinen Portionskuchen nutzen wir hier das Muffinblech, damit jeder seinen eigenen Nudelauflauf bekommt. 250 Gramm trockene Nudeln werden frisch gekocht, kalt abgespült (sonst klebt's) und mit aromatischen Zutaten ins Blech gefüllt. Darüber kommt eine Mischung aus Ei und etwas Flüssigkeit – das kann Sahne, Milch oder Brühe sein –, oft ist auch noch etwas Käse dabei. Jetzt die Muffins im 180 Grad heißen Ofen (Umluft 160 Grad) 15–20 Minuten auf der mittleren Schiene garen, bis alles gestockt und leicht gebräunt ist.

Für die Farfalle-Muffins wird grüner Spargel schräg aufge-schnitten und mit Nudeln und Krabben sowie in Cognac eingeweichtem Safran vermischt. Übergossen wird's mit Ei und Crème fraiche.

DOLCE VITA ALLA PASTA

Nudelauflauf mit Tomaten und Speck

Wie bei Mutti: Makkaroni, Speck und Tomaten garen mit Gouda in einer Eiercreme im Ofen, bis die Oberfläche schön gebräunt und knusprig ist.

1. Makkaroni in reichlich Salzwasser nach Packungsaufschrift fast bissfest kochen, in ein Sieb abgießen und mit kaltem Wasser abkühlen.

2. Speck quer in fingerbreite Streifen schneiden, Käse grob reiben. Die Tomaten waschen und in Achtel schneiden, Stielansätze dabei entfernen. Lauchzwiebeln waschen, putzen und in Ringe schneiden. Die Petersilie waschen, trockenschütteln und die Blätter grob hacken.

3. Den Ofen auf 180 Grad vorheizen (Umluft 160 Grad). Vom Käse 50 Gramm abnehmen, dann alle vorbereiteten Zutaten in einer gebutterten Form miteinander mischen. Kräftig mit Salz und Pfeffer würzen.

4. Eier und Milch miteinander glatt rühren, über die Nudelmischung gießen und diese noch einmal durch-

Zutaten für 4 Personen

250 g kurze Makkaroni

Salz

200 g Frühstückspeck in Scheiben

200 g mittelalter Gouda

300 g Tomaten

1 Bund Lauchzwiebeln

1 Bund glatte Petersilie

Butter für die Form und zum Abschluss

weißer Pfeffer

3 Eier

150 ml Milch

Zubereitungszeit: 1 Stunde 15 Minuten

rühren. Übrigen Käse darüberstreuen und Butterflöckchen daraufsetzen.

5. Den Nudelauflauf 30 Minuten auf der mittleren Schiene im heißen Ofen garen, anschließend weitere 10–15 Minuten bei 200 Grad (Umluft 180 Grad), bis die Masse gestockt und die Oberfläche leicht gebräunt ist. Den Auflauf noch 5 Minuten im ausgeschalteten und offenen Ofen ruhen lassen, dann auf den Tisch damit.

JETZT NOCH WAS!

Schnellversion: 100 Gramm Käse in heißer Milch schmelzen, gegarte Nudeln heiß mit allen vorbereiteten Zutaten mischen, 50 Gramm Käse darüber und alles für 25–30 Minuten in den 200 Grad heißen Ofen.

Pasticcio mit Pilzen

Pilze werden in einer würzigen Rotweinsauce gegart, dann abwechselnd mit Makkaroni und viel Käse in eine Form geschichtet, um im Ofen zu backen.

1. Die Pilze putzen, von den Shiitakes die Stiele entfernen. Pilze in dicke Scheiben schneiden. Zwiebel und Knoblauch abziehen und würfeln. Beides in 2 Esslöffel Öl mit dem Bohnenkraut glasig braten, dann die Hitze hochschalten, die Pilze zugeben und 2 Minuten unter Rühren anbraten.

2. Das Mehl darüberstreuen und kurz anschwitzen. Den Rotwein und die gehackten Tomaten unter Rühren dazugießen und 5 Minuten kochen lassen. Die Pilze mit Salz und Pfeffer abschmecken.

3. Die Makkaroni in reichlich Salzwasser nach Packungsaufschrift bissfest garen und in ein Sieb abgießen. Kalt abspülen und abtropfen lassen, mit 1 Esslöffel Olivenöl mischen.

4. Den Ofen auf 200 Grad vorheizen (Umluft 180 Grad). Eine große Auflaufform einölen und die Hälfte der Makkaroni darin verteilen. Darauf kommen jeweils die Hälfte Pilzsauce, Parmesan und Reibekäse. Nun die übrigen Zutaten auf dieselbe Weise darüberschichten. 1 Esslöffel Olivenöl darüberträufeln und den Auflauf für 25–30 Minuten in den heißen Ofen schieben. Vor dem Verteilen 10 Minuten zugedeckt stehen lassen.

Zutaten für 4 Personen

800 g gemischte Pilze (z. B. Shiitakes, Champignons, Austernpilze, Steinpilze)

1 Zwiebel

2 Knoblauchzehen

4–5 EL Olivenöl

1 TL getrocknetes Bohnenkraut

1 EL Mehl

180 ml Rotwein

750 g gehackte Tomaten (Dose)

Salz, Pfeffer

500 g Makkaroni

250 g Parmesan, frisch gerieben

250 g Schnittkäse, z. B. Emmentaler, frisch gerieben

Zubereitungszeit:
1 Stunde 15 Minuten

Jetzt noch was!

Hier bindet eine leichte Mehlschwitze statt fette Sahne. Wichtig ist, beim Zugießen von Wein und Tomaten kräftig zu rühren, damit sich keine Klümpchen bilden. Auch beim Kochen öfter rühren.

Noodle-Curry-Pudding

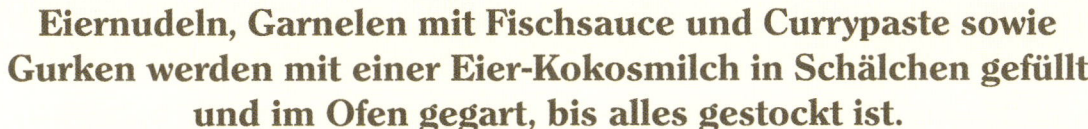

Eiernudeln, Garnelen mit Fischsauce und Currypaste sowie Gurken werden mit einer Eier-Kokosmilch in Schälchen gefüllt und im Ofen gegart, bis alles gestockt ist.

1. Die Nudeln in reichlich Salzwasser nach Packungsanleitung fast bissfest kochen, abgießen und kalt abspülen, bis sie nur noch lauwarm sind. Gut abtropfen lassen.

2. Die Garnelen am Rücken leicht einschneiden und vom dunklen Darmstrang befreien. Garnelen gut abspülen, mit Küchenpapier trockentupfen und mit Fischsauce und Currypaste vermischen.

3. Die Gurke schälen, längs vierteln und die Kerne wegschneiden, die Viertel quer in dünne Scheiben schneiden. Koriander abbrausen und trockenschütteln, Blätter grob hacken. Knoblauch abziehen, Ingwer schälen und beides würfeln.

4. Den Backofen auf 180 Grad vorheizen (Umluft 160 Grad). Alle vorbereiteten Zutaten mit den Eiern

Zutaten für 4 Personen

250 g chinesische Eiernudeln

Salz

200 g Garnelen ohne Schale

4 EL asiatische Fischsauce

2 EL gelbe Currypaste

½ Salatgurke

1 Bund Koriander

1 Knoblauchzehe

1 Stück frischer Ingwer (walnussgroß)

4 Eier

⅛ l Kokosmilch aus der Dose

2 EL Öl

4 EL Kokosraspel

Zubereitungszeit:
1 Stunde

und der Kokosmilch vermischen. Vier asiatische Suppenschalen mit Öl ausstreichen und die Masse darauf verteilen. Kokosflocken mit 1 Esslöffel Öl mischen und über die Noodle-Puddings geben, diese etwa 30 Minuten im heißen Ofen garen, bis die Masse gestockt ist und die Flocken leicht gebräunt sind.

JETZT NOCH WAS!

Ein Fusion-Rezept, da Aufläufe nicht typisch für die Thai-Küche sind, von der das Gericht inspiriert ist. Aber Aufläufe sind halt sooo gut, und dieser besonders. Gerne auch mit Reisnudeln.

Pasta Margherita

Nudelgratin trifft Lieblingspizza: Spiralnudeln werden frisch gekocht im Blech verteilt, mit einer Parmesan-Eiermilch übergossen und mit Tomaten und Mozzarella im Ofen gegart.

1. Die Nudeln in reichlich Salzwasser fast bissfest kochen. Inzwischen den Mozzarella abtropfen lassen. Die Kirschtomaten waschen und halbieren. Parmesan mit den Eiern und der Milch verrühren, die Mischung mit Salz und Pfeffer abschmecken.

2. Den Ofen auf 175 Grad vorheizen (Umluft 150 Grad). Ein tiefes Blech mit 2 Esslöffel Öl ausstreichen. Die gegarten Nudeln abgießen und gut abtropfen lassen, dann gleich ins Blech schütten. Die Eierkäsemilch darübergießen und alles behutsam vermischen.

Zutaten für 2–4 Personen

500 g Spiralnudeln
Salz
250 g Mini-Mozzarellakugeln
300 g Kirschtomaten
150 g Parmesan, frisch gerieben
4 Eier
¼ l Milch
weißer Pfeffer
4 EL Olivenöl
1 Bund Basilikum

Zubereitungszeit:
45 Minuten

3. Mozzarella und Tomaten darüber verteilen und leicht zwischen die Nudeln drücken. 2 Esslöffel Öl darüberträufeln. Die Nudelpizza etwa 30 Minuten auf der mittleren Schiene backen, bis die Eiermischung gerade gestockt und leicht gebräunt ist. Basilikumblätter zupfen und darüber verteilen.

TANTE ERIKA RÄT

Auch wenn dieses Gericht länger im Ofen ist als eine klassische Pizza, ist das eine prima Blitzversion, wenn's schnell gehen soll: Es braucht nur wenig Vorbereitung und hat außerdem viel Zeit für »dolce vita« während der Zubereitung.

LIEBLINGSREZEPT

Knusper-Kohlnudeln

 Blumenkohlröschen samt Stielen und Blättern braten langsam im Ofen mit frisch gekochten Orecchiette unter einer knusprigen Bröselkruste.

1. Den Blumenkohl putzen, dabei die frischen grünen Blattansätze von unterhalb des Kopfes aufbewahren. Den Strunk schräg herausschneiden und den Kohl in Röschen teilen. Die dünnen Stiele in 1 Zentimeter dicke Scheiben schneiden, die Blattrippen samt Grün ebenso. Alles im Sieb mit kaltem Wasser abspülen.

2. Die Petersilie waschen und trockenschütteln, die Blätter hacken. Zitrone heiß waschen und trockenreiben, die Schale dünn abreiben, den Saft auspressen. Schalotten abziehen und fein würfeln.

3. Die Orecchiette in reichlich Salzwasser nach Packungsaufschrift nicht ganz bissfest kochen. In ein

Zutaten für 4 Personen

1 Blumenkohl (ca. 1 kg) mit frischem Grün
1 Bund glatte Petersilie
½ Bio-Zitrone
2 Schalotten
250 g Orecchiette
Salz
50 g Butter und Butter für die Form
100 g Semmelbrösel
weißer Pfeffer

Zubereitungszeit:
45 Minuten

Sieb abgießen und mit kaltem Wasser abspülen. Inzwischen die Schalotten bei mittlerer Hitze in einem Töpfchen 2 Minuten in 50 Gramm Butter dünsten. Von der Kochstelle ziehen, Brösel, Zitronenschale und Petersilie einrühren. Die Mischung mit Salz und Pfeffer würzen.

4. Den Ofen auf 180 Grad vorheizen (Umluft 160 Grad). Eine flache Form buttern und darin Blumenkohl samt Stiel- und Blattstücken mit den Orecchiette mischen, dabei mit Salz, Pfeffer und Zitronensaft würzen.

5. Die Bröselmischung darüber verteilen und das Gratin für etwa 20 Minuten in den heißen Ofen schieben, bis der Kohl gegart, die Nudeln leicht knusprig und die Brösel gebräunt sind. Dazu schmeckt Tomatensauce.

Ofenkartoffelnudeln

Scheiben von Kartoffeln, Möhren und Zucchini garen mit Bohnenkraut im Ofen und werden dann mit frisch gekochten Spiralnudeln und Parmesan vermischt.

1. Den Ofen auf 200 Grad vorheizen (Umluft 180 Grad). Kartoffeln und Möhren schälen, Zucchini waschen und putzen. Alles in dünne Scheiben schneiden, mit Bohnenkraut, grobem Salz und Pfeffer sowie mit dem Öl vermischen.

2. Die Mischung auf einem Backblech verteilen und auf mittlerer Schiene in den heißen Ofen schieben. 15 Minuten garen, bis die Gemüse bissfest sind. Inzwischen in reichlich Salzwasser die Nudeln nach Packungsaufschrift nicht ganz bissfest garen.

Zutaten für 4 Personen

150 g festkochende Kartoffeln

150 g Möhren

150 g Zucchini

2 TL getrocknetes Bohnenkraut

grobes Salz

grob gemahlener schwarzer Pfeffer

4 EL Öl

250 g Spiralnudeln

50 g Parmesan, frisch gerieben

Zubereitungszeit: 45 Minuten

3. Die gegarten Nudeln in ein Sieb abgießen, tropfnass zurück in den Topf geben. Das Ofenkartoffelgemüse dazugeben, 1 Minute mitgaren, dabei öfters behutsam wenden. Das Gericht mit Salz und Pfeffer würzen, den Parmesan einrühren und gleich servieren.

TANTE ERIKA RÄT

Nudeln mit Kartoffeln sind ein beliebtes Paar in Italien (Seite 77) wie in Deutschland beim Gaisburger Marsch. Hier mein Rezept, bei dem auch übrige Gemüse eine prima Rolle bekommen.

One-Pot-Gratin mit Tortellini

 Schnell und fein: Lauch, Erbsen und Steinpilze kochen kurz mit Tortellini, dann kommt Käse dazu und das Ganze in den Ofen, bis es schön gratiniert ist.

1. Den Lauch putzen und in Ringe schneiden, diese in einem Sieb kalt abbrausen. Die Steinpilze putzen, mit Küchenpapier abreiben und in 2 Zentimeter große Würfel teilen.

2. Den Ofen auf 200 Grad vorheizen (Umluft 180 Grad). Die Brühe mit Lauch, Steinpilzen und Erbsen in einem Topf aufkochen und 1 Minute kochen lassen. Den Käse würfeln und mit dem Mascarpone einrühren, bis der geschmolzen ist.

Zutaten für 4 Personen

1 kleine Stange Lauch

150 g Steinpilze (ersatzweise Champignons)

½ l Gemüsebrühe

200 g Erbsen (tiefgekühlt)

250 g aromatischer Käse

500 g frische Tortellini (aus der Kühltheke)

Salz

150 g Mascarpone

Butter für die Form

Zubereitungszeit: 30–40 Minuten

3. Tortellini mit der Käse-Gemüse-Sauce vermischen und alles in eine gebutterte Auflaufform füllen. Diese auf der mittleren Schiene in den Ofen schieben und das One-Pot-Gratin etwa 20 Minuten im Ofen backen, bis alles gar und die Oberfläche gebräunt ist. Gleich servieren.

JETZT NOCH WAS!

Welche Füllung sollten die Tortellini für dieses Gratin am besten haben? – Im Zweifel lieber eine kräftige, aber ohne Käse, weil davon ja schon reichlich in der Sauce steckt.

Ravioli-*BLITZREZEPT*
Auberginen-Gratin

Frisch gekochte Ravioli werden mit gebratenen Auberginen, Mozzarella und Basilikum geschichtet, Tomaten dazu und in den Ofen damit.

1. Die Auberginen waschen, putzen und in 1 Zentimeter dicke Scheiben schneiden. 100 Milliliter Olivenöl in einer Pfanne erhitzen und die Auberginenscheiben darin nach und nach jeweils 1–2 Minuten schwimmend braten, bis sie weich sind. Auf Küchenpapier entfetten, mit Salz und Pfeffer würzen.

2. Die Ravioli nach Packungsaufschrift nicht ganz bissfest kochen und in einem Sieb mit kaltem Wasser abspülen. Den Mozzarella abtropfen lassen und in 1 Zentimeter dicke Scheiben schneiden. Vom Basilikum die Blätter abzupfen.

Zutaten für 4 Personen

400 g nicht zu große Auberginen

100 ml Olivenöl plus Öl für die Form

Salz, weißer Pfeffer

500 g frische runde Ravioli (Kühltheke)

3 Kugeln Mozzarella (je 125 g)

1 Bund Basilikum

250 g Kirschtomaten

Zubereitungszeit:
45 Minuten

3. Den Ofen auf 200 Grad vorheizen (Umluft 180 Grad). Eine Gratinform einölen und darin abwechselnd Auberginen, Ravioli, Mozzarella und Basilikumblätter dachziegelartig auffächern. Tomaten waschen und vierteln, dann zwischen den Reihen verteilen.

4. Das Gratin mit Salz und Pfeffer würzen und mit Olivenöl beträufeln. Auf der mittleren Schiene in den heißen Ofen schieben und in etwa 20 Minuten gratinieren.

JETZT NOCH WAS!

Durch das Braten schwimmend in Olivenöl bekommen die Auberginen extra viel Aroma. Wichtig ist, dass das Öl beim Einlegen der Scheiben gut heiß ist, damit sie sich nicht vollsaugen.

Ofennudeltöpfchen mit Meeresfrüchten

 Inspiriert vom japanischen Chawanmushi dämpfen hier Fischfilet und Jakobsmuscheln mit Nudeln in einer Sake-Ei-Mischung. Frische Shiitakes sorgen für Biss.

1. Den Fisch in 1 Zentimeter dicke Streifen schneiden, mit 1 Esslöffel Sojasauce und 1 Esslöffel Reiswein vermischen und 15 Minuten marinieren lassen. Die Shiitakes entstielen. 2 Pilze halbieren, die übrigen in Scheiben schneiden. Nori-Blätter in einer Pfanne anrösten und anschließend in Stücke zupfen.

 **JETZT NOCH WAS!**

Sie können die Nudeltöpfchen auch wie in Asien dämpfen. Dazu die Schalen in einen Dämpfer stellen, zugedeckt über siedendem Wasser gut 15 Minuten garen, bis die Masse fast fest ist.

Zutaten für 4 Personen

- 200 g weißes Fischfilet (z. B. Kabeljau)
- 2 EL japanische Sojasauce
- 5 EL Reiswein
- 100 g Shiitakepilze
- 2 Nori-Blätter (getrockneter Seetang für Sushi-Rollen)
- 100 g gekochte Somen (japanische Weizennudeln) oder andere Weizennudeln
- 4 Jakobsmuscheln mit rotem Corail
- 4 Eier
- 350 ml kräftiger Fischfond
- Salz
- 1 Kästchen Kresse

Zubereitungszeit: 45 Minuten

2. Den Fisch samt Marinade mit Somen, Pilzstreifen und Nori mischen und auf 4 Reisschalen verteilen. Je 1 Muschel und 1 Pilzhälfte daraufsetzen. Eier mit Fischfond, übrigem Reiswein und übriger Sojasauce verrühren und die Mischung mit Salz abschmecken. Diese über den Inhalt der Reisschalen gießen und diese dicht mit Folie abdecken.

3. Ein tiefes Blech mit Wasser füllen und dieses im auf 180 Grad (Umluft 160 Grad) eingestellten Ofen erhitzen. Ein Gitter ins Blech legen, die Schalen daraufsetzen und den Eierguss 15 Minuten stocken lassen. Folie abziehen, Kresse darüberstreuen und die Nudeltöpfchen servieren.

Cannelloni mit Ricotta und Spinat

Frischer Blattspinat wird einmal pur und einmal mit Knoblauch und Sahne gedünstet, dazu kommen Ricotta, Eier und Parmesan. Dies wird in Cannelloni mit Mozzarella obenauf gebacken.

1. Den Blattspinat gründlich putzen und waschen. 1 Esslöffel Butter in einem großen Topf zerlassen und die Blätter darin tropfnass mit etwas Salz zusammenfallen lassen. Den Topf von der Kochstelle nehmen und den Spinat etwas abkühlen lassen. Ihn anschließend gut ausdrücken und grob hacken.

Zutaten für 4–6 Personen

500 g Blattspinat

2 EL Butter und Butter für die Form

Salz

2 Schalotten

1 Knoblauchzehe

100 g Sahne

200 g Ricotta

2 Eier

100 g Parmesan, frisch gerieben

5 EL Semmelbrösel

weißer Pfeffer

16 Cannelloni-Röllchen (vorgekocht)

250 g Mozzarella

Zubereitungszeit:
1 Stunde 15 Minuten

2. Die Schalotten und den Knoblauch abziehen und fein würfeln. Beides in der übrigen Butter glasig braten. Spinat zugeben, mit der Sahne aufgießen und etwas einkochen lassen. Abkühlen lassen und Ricotta, Eier, Parmesan sowie Semmelbrösel einrühren. Mit Salz und Pfeffer würzen.

3. Den Ofen auf 180 Grad vorheizen (Umluft 160 Grad). Die Cannelloni mit der Spinatmasse füllen und in eine gebutterte Gratinform legen. Den Mozzarella in Scheiben schneiden und auf die Cannelloni legen.

4. Das Ganze etwa 30 Minuten im heißen Backofen garen, bis die Masse gestockt und der Mozzarella geschmolzen und leicht gebräunt ist.

Lasagne al forno

Béchamelsauce mit Käse, Nudelplatten und Sauce Bolognese werden abwechselnd in eine hohe Form geschichtet, und das bäckt dann im Ofen appetitlich goldbraun.

1. Für die Käsesauce in einem Topf bei mittlerer Hitze die Butter zerlassen und darin das Mehl kurz »blond« (hell) anrösten. Dann den Topf von der Kochstelle ziehen und unter Rühren mit dem Schneebesen die warme Milch zugießen (mit kalter Milch würde das Mehl allzu leicht klumpen).

2. Die Milch zurück auf der Kochstelle unter ständigem Rühren aufkochen, mit Salz, Pfeffer und Muskat würzen. Unter gelegentlichem Rühren 10 Minuten bei kleiner Hitze kochen lassen.

3. Inzwischen den Parmesan fein und den Schnittkäse grob reiben. Eine rechteckige Auflaufform buttern und den Backofen auf 200 Grad vorheizen (Umluft 200 Grad). Den geriebenen Parmesan in die fertige Sauce rühren und diese abschmecken.

Zutaten für 4 Personen

Für die Käsesauce

4 EL Butter

4 EL Mehl

700 ml lauwarme Milch

Salz

weißer Pfeffer

gemahlene Muskatnuss

100 g Parmesan am Stück

Außerdem

200 g würziger Schnittkäse (z. B. italienischer Fontina)

Butter für die Form und den Abschluss

250–300 g Lasagneblätter (vorgekocht)

1 Rezept Sauce Bolognese (Seite 85)

Zubereitungszeit:
1 Stunde 15 Minuten + 2 Stunden für die Bolognese

4. Etwas Käsesauce in einer Auflaufform verstreichen, darauf eine Lage Lasagneblätter verteilen. Darauf etwas Bolognese und dann Käsesauce verstreichen, mit Schnittkäse bestreuen. Auf diese Weise alles einschichten, auf die letzte Schicht Nudeln nur Käsesauce, Käse und ein paar Flöckchen Butter geben.

5. Die Lasagne im heißen Ofen 40–45 Minuten garen, bis sie schön gebräunt ist. Noch 5 Minuten im offenen und ausgeschalteten Ofen ruhen lassen und dann servieren.

Express-Lasagne

Eine Blitz-Bolognese aus Steak und Schinken kommt mit gekochten Lasagneblättern und einer Käsemasse für weniger als 10 Minuten in den Ofen – schon fertig!

1. Die Zwiebel abziehen und würfeln, in einem Topf zugedeckt in 4 Esslöffel Öl bei mittlerer Hitze andünsten. Das Steakfleisch und den Schinken klein schneiden und mit einem großen Messer hacken.

2. Tomatenmark samt Oregano zur Zwiebel geben, anbraten, mit einem Schuss Rotwein ablöschen und bei starker Hitze einkochen. Dies nochmals wiederholen. Fleisch und Schinken zugeben und bei starker Hitze anbraten, salzen und pfeffern. Den übrigen Rotwein und 150 Milliliter Milch zugeben, unter Rühren sämig einkochen. Käse reiben, mit Eigelb und übriger Milch verrühren.

3. Den Ofen auf 250 Grad Umluft vorheizen. Die Lasagneblätter in reichlich kochendem Salzwasser mit 2 Esslöffel Öl darin in 1–2 Minuten bissfest garen. Die Nudelblätter nebeneinander auf einen geölten Teller legen.

Zutaten für 4 Personen

1 Zwiebel

8 EL Olivenöl und Öl zum Einfetten

500 g Rindersteaks (z. B. Hüftsteak oder Entrecôte)

100 g roher Schinken in Scheiben

5 EL Tomatenmark

2 TL getrockneter Oregano

ca. ¼ l Rotwein

Salz, schwarzer Pfeffer

200 ml Milch

400 g würziger Käse

4 Eigelb

4 Lasagneblätter (ca. 18 x 8 cm, vorgekocht)

250 g Tomaten

1 Bund glatte Petersilie

1 TL Zitronensaft

Zubereitungszeit: 45 Minuten

4. Jetzt die Lasagneblätter füllen und dabei falten wie ein A4-Blatt für einen länglichen Umschlag: In eine große geölte Gratinform vier etwa 8 x 5 Zentimeter große Streifen der Käsemasse streichen. Auf jeden ein Lasagneblatt mit dem ersten Drittel legen. Mit Käse und Fleisch bestreichen, dann jedes Blatt mit dem mittleren Drittel darüberfalten. Mit Käse und Fleisch bestreichen. Nun das letzte Drittel darüberklappen, wieder Käse und Fleisch obenauf geben. So sind vier kleine Lasagne entstanden. Diese auf oberster Schiene im heißen Ofen 5–6 Minuten garen, bis sie heiß und gebräunt sind.

5. Die Tomaten waschen, halbieren und auf der groben Raspel mit der Schnittfläche reiben, bis nur noch die Tomatenhaut übrig ist. Petersilie waschen und trockenschütteln, Blätter hacken. Mit Tomatenfleisch, Salz, Pfeffer, 2 EL Öl und Zitronensaft verrühren und zur Lasagne servieren.

Macaroni Cheese

Comfort Food aus Übersee: Aus Milch und Sahne wird eine Béchamelsauce mit viel Käse gekocht, in der Makkaroni im Ofen knusprig backen.

1. Knoblauch und Zwiebel abziehen. Zwiebel fein würfeln und mit dem Oregano in der Butter 5 Minuten sanft dünsten. Jetzt das Mehl einrühren und etwas anschwitzen.

2. Die Milch unter Rühren dazugießen und aufkochen, dann die Sauce 5 Minuten kochen lassen. Beide Sorten geriebenen Käse mischen und zwei Drittel davon in der Sauce schmelzen. Die Sahne dazugießen und die Sauce mit Salz, Pfeffer und Muskat würzen.

3. Ofen auf 180 Grad vorheizen. (Umluft 160 Grad). Die Makkaroni in reichlich Salzwasser fast bissfest kochen, in ein Sieb abgießen und mit der warmen Sauce vermengen. Das Ganze in eine große gebutterte Auflaufform füllen.

4. Den restlichen Käse mit den Semmelbröseln vermischen und darüberstreuen. Die Macaroni Cheese im heißen Ofen 30–40 Minuten backen, bis die Nudeln schön gebräunt sind.

Zutaten für 4–6 Personen

1 Knoblauchzehe

1 Zwiebel

2 TL getrockneter Oregano

50 g Butter und Butter für die Form

50 g Mehl

600 ml lauwarme Milch

300 g Reibekäse (am besten Cheddar, Gouda geht auch)

100 g Parmesan, frisch gerieben

200 g Sahne

Salz, weißer Pfeffer

geriebene Muskatnuss

500 g kurze Makkaroni

100 g Semmelbrösel

Zubereitungszeit:
1 Stunde 15 Minuten

Eine mit Mehlschwitze gebundene Sauce sollte etwa 10 Minuten kochen, damit der Mehlgeschmack verschwindet. Hier reichen 5, weil die Sauce im Ofen noch weitergart.

TANTE ERIKA RÄT

Nudel-Käse-Kuchen

 Lasagne verkehrt: In eine Springform kommt Bolognese, darauf werden Rigatoni hochkant gestellt und mit mehr Bolognese, Ricottacreme und Käse bedeckt. Dann in den Ofen damit.

1. Den Boden einer 26er-Springform mit Backpapier bedecken, ihn so in den Ring einspannen – dann bleibt die Form schön dicht. Den Rand innen mit Butter bepinseln.

2. Die Rigatoni in reichlich Salzwasser nach Packungsaufschrift nicht ganz bissfest kochen. Inzwischen vom Basilikum die Blätter abzupfen und hacken, mit Ricotta und Milch verrühren und mit Salz und Pfeffer abschmecken.

3. Die Rigatoni in ein Sieb abgießen, mit kaltem Wasser kurz abspülen. Ein Viertel der Bolognese-Sauce auf dem Boden der Springform verstreichen. Die Rigatoni hochkant darin aufstellen, bis die Form gefüllt ist.

4. Den Ofen auf 200 Grad vorheizen (Umluft 180 Grad). Nun die übrige Bolognese auf den Rigatoni verstreichen, sodass sie in die Nudeln

Zutaten für 4 Personen

Butter für die Form und zum Abschluss

500 g Rigatoni

Salz

1 Bund Basilikum

200 g Ricotta

5 EL Milch

Pfeffer

1 Rezept Bolognese-Sauce (Seite 85, etwa 700 g)

200 g Emmentaler, frisch gerieben

Zubereitungszeit:
1 Stunde 15 Minuten

gedrückt wird. Dann den Basilikum-Ricotta darüberstreichen, den geriebenen Käse aufstreuen und ein paar Butterflöckchen darauf verteilen.

5. Den Nudel-Käse-Kuchen auf der mittleren Schiene in den heißen Ofen schieben und 15–20 Minuten backen, bis die Ricottacreme versickert und der Käse gebräunt ist. Im ausgeschalteten, geöffneten Ofen 5 Minuten ruhen lassen, dann den Nudel-Käse-Kuchen aufschneiden.

JETZT NOCH WAS!

Den Formboden mit Backpapier zu bespannen ist eine kleine Fleißarbeit mit großem Effekt. Aber nur, wenn der »Kuchen« auch am Rand gut aus der Form kommt. Daher diesen gründlich einfetten.

PROBIER'S MAL:
GNOCCHI

Eigentlich sind
die kleinen Italiener,
»njoki« gesprochen, eher
Knödel als Nudeln. Aber wenn
sie selbst im Ristorante unter
»Pasta« auftauchen, haben sie
hier ihren Platz verdient. Durch
ihren vollen Geschmack
und zarten Biss
sowieso.

Das wird gebraucht

Gut mehlige Kartoffeln, die sowohl für Geschmack als auch für Halt sorgen, sind hier ideal. Denn anders als Schupfnudeln kommen richtige Gnocchi ohne Ei aus, was sie lockerer und kartoffeliger, aber auch sensibler macht. An die noch heiße Masse kommen Mehl und Grieß sowie etwas Salz, das war's im Grunde. Sie können noch gefüllt werden, die Kartoffeln zum Teil durch andere Gemüse wie Kürbis oder Rüben ersetzt werden, aber dann braucht es auch Ei für mehr Bindung.

So wird's gemacht

Die Kartoffeln werden in der Schale in Salzwasser gekocht, gleich nach dem Abgießen gepellt und noch heiß durch die Presse gedrückt. Nun so viel Mehl drangeben, dass eine glatte, nicht mehr klebende Masse entsteht – oft hilft auch noch etwas Hartweizengrieß. Auf 1 Kilogramm sind es 100–150 Gramm Mehl und 80–100 Gramm Grieß, je nach Kartoffelsorte. Nun mit Mehl daumendicke Rollen daraus formen und in 2–3 Zentimeter dicke Stücke schneiden. Diese nach Wunsch noch abrollen und mit Gabelzinken ein Muster eindrücken, in dem sich die Sauce besser fängt.

Gut gegart

Die Gnocchi in einen weiten Topf mit reichlich kochendem Salzwasser geben. Auf kleinster Hitze 10–15 Minuten ziehen lassen, bis sie nach oben steigen. Die Gnocchi mit einer Schaumkelle herausheben, gut abtropfen lassen und in Butter braten – klassisch kommt Salbei dazu.

Caesar's Gnocchi

Gnocchi werden mit Speck, Knoblauch und Sardellen angebraten, dann mit Salatherzen in eine ofenfeste Form gegeben und mit Parmesancreme gratiniert.

1. Den Romanasalat putzen, samt Strunk vierteln und mit kaltem Wasser abbrausen. Abtropfen lassen. Den Speck in Streifen schneiden, den Knoblauch abziehen und würfeln. Die Sardellen hacken.

2. Die Hälfte der Sahne mit der Brühe in einem kleinen Topf aufko-

chen, den Parmesan einrühren und schmelzen lassen. Den Topf von der Kochstelle ziehen und die Sauce mit Salz und Pfeffer würzen. Eigelbe mit der übrigen Sahne verrühren und einrühren.

3. In einer Pfanne den Speck bei mittlerer Hitze langsam auslassen und braten. Knoblauch und Sardellen kurz mitbraten. Die Gnocchi zugeben und nach Packungsaufschrift braten.

4. Ofen auf 200 Grad vorheizen (Umluft 180 Grad). In einer geölten Form die Gnocchi und Salatviertel verteilen. Die Käsesauce darübergießen und alles in 10–15 Minuten im heißen Ofen gratinieren.

Zutaten für 4 Personen

- 2 Romanasalatherzen
- 100 g Räucherspeck
- 2 Knoblauchzehen
- 2 eingelegte Sardellenfilets
- 100 g Sahne
- 100 ml Hühnerbrühe
- 100 g Parmesan, frisch gerieben
- Salz, Pfeffer
- 2 Eigelb
- 500 g Gnocchi (aus der Kühltheke)
- Öl für die Form

Zubereitungszeit: 45 Minuten

TANTE ERIKA RÄT

Schauen Sie beim Einkaufen auf die Zubereitungsanleitung für die Gnocchi auf der Packung: Für dieses Rezept eignen sich nur solche, die ohne Vorgaren in Wasser direkt gebraten werden können.

Gratinierte Gnocchi mit Tomaten

Aus Dosentomaten und Suppengrün wird ein Sugo gekocht, der samt Gnocchi und Petersilie in eine ofenfeste Form kommt. Parmesan und Brösel darüber, gratinieren, fertig.

1. Das Suppengrün waschen und putzen bzw. schälen, Zwiebel und Knoblauch abziehen. Alles würfeln und samt Oregano in 3 Esslöffel Öl zugedeckt 5 Minuten dünsten.

2. Inzwischen die Tomaten aus der Dose in ein Sieb abgießen und grob hacken. Tomatenmark zum Gemüse geben und kurz mitbraten. Dann die Tomaten dazugeben und mit Salz und Pfeffer würzen. Den Sugo 20 Minuten bei kleiner Hitze köcheln lassen.

3. Inzwischen die Petersilie waschen und die Blätter hacken. Den Ofen auf 200 Grad vorheizen (Umluft 180 Grad). Die Gnocchi nach Packungsaufschrift kochen.

Zutaten für 4 Personen

1 Bund Suppengrün
1 Zwiebel
1 Knoblauchzehe
1 TL getrockneter Oregano
6 EL Olivenöl
1 kleine Dose geschälte Tomaten (400 g)
1 EL Tomatenmark
Salz, Pfeffer
1 Bund glatte Petersilie
500 g Gnocchi (aus der Kühltheke)
50 g Parmesan, frisch gerieben
50 g Semmelbrösel

Zubereitungszeit:
1 Stunde

4. Den fertigen Sugo abschmecken und in eine Gratinform geben. Die Gnocchi darauf verteilen. Käse und Brösel mischen und darüberstreuen, mit dem übrigen Öl beträufeln. Die Gnocchi für etwa 10 Minuten in den heißen Ofen schieben und gratinieren.

JETZT NOCH WAS!

Geht natürlich auch mit frischen Tomaten, wenn sie Saison haben und schön aromatisch sind. Dann 400 Gramm würfeln, mit Salz vermischen, 15 Minuten stehen lassen und samt Saft verwenden.

Marillen-Gnocchi mit Bröselkruste

Vom Knödel kopiert: Aprikosen werden gehäutet und dann mit frisch gegarten Gnocchi unter einer süßen Nuss-Mohn-Kruste in den Ofen geschoben.

1. Die Aprikosen kreuzweise einschneiden und für etwa 10 Sekunden in kochendes Wasser tauchen. Dann kurz in eiskaltes Wasser geben und die Haut abziehen. Aprikosen am Stein entlang halbieren und die Hälften in 4 Spalten teilen.

Zutaten für 4–6 Personen

4 Aprikosen

125 g Butter und Butter für die Form

50 g Haselnüsse

1 EL Mohnsamen

2 EL Puderzucker

50 g Semmelbrösel

500 g Gnocchi (aus der Kühltheke)

Zucker für die Form

Zubereitungszeit: 30 Minuten

2. Die Butter schmelzen, von der Kochstelle ziehen und mit Nüssen, Mohn, Puderzucker und Bröseln verrühren. Die Gnocchi nach Packungsaufschrift garen.

3. Den Ofen auf 200 Grad vorheizen (Umluft 180 Grad). Eine Form buttern und mit Zucker ausstreuen. Gnocchi und Aprikosen darin verteilen, Nussbrösel darüberstreuen. Das Ganze im heißen Ofen auf der mittleren Schiene 12–15 Minuten backen, bis alles heiß und leicht gebräunt ist.

TANTE ERIKA RÄT

Dieses Gericht könnte mit seiner österreichisch-italienischen Mischung glatt aus Südtirol sein. Wenn Nüsse und Mohn in der Pfanne geröstet werden, bis es duftet, schmeckt's noch intensiver.

NUDELN
in Salaten & Suppen

Drei fixe Salate

Fadennudeln, Tomaten und Kräuter; Glasnudeln, Rindfleisch und Gurke; Spiralnudeln, Meeresfrüchte und Zuckerschoten. Alle Salate sind schnell gemacht, ein jeder ganz anders.

Pasta Tabbouleh

Für 4 Personen 250 Gramm Fadennudeln zerbrechen und in Salzwasser nicht ganz al dente kochen, sie sollten noch etwas hart sein. Inzwischen 2 Zitronen auspressen. Nudeln abgießen, kurz kalt abspülen und noch warm mit 2 Esslöffel Zitronensaft und 2 Esslöffel Olivenöl vermengen.

5 Lauchzwiebeln waschen, putzen und die festen Stiele in feine Ringe schneiden. 1 Bund glatte Petersilie sowie 5 Zweige Minze waschen und trockenschütteln, die Blätter hacken. 300 g reife Tomaten waschen und die Stielansätze entfernen, dann halbieren und würfeln. Restlichen Zitronensaft und 1 Esslöffel Öl mit Salz, schwarzem Pfeffer, 1 kräftigen Prise gemahlenem Kreuzkümmel und 1 Prise Zimt verrühren.

Nudeln, Lauchzwiebeln, Kräuter und Tomaten mit dem Dressing anmachen und 45 Minuten durchziehen lassen.

Roastbeef mit Glasnudeln

400 Gramm Roastbeef falls nötig von Fett und Sehnen befreien und in 3 Zentimeter dicke Stränge schneiden. 8 Esslöffel Sojasauce mit 5 Esslöffel Apfelsaft und 3 Esslöffel Aceto balsamico verrühren. 1 Knoblauchzehe abziehen und 1 Stück Ingwer schälen, beides fein würfeln und mit der Marinade verrühren. Die Schüssel mit der Marinade in den Tiefkühler stellen. 1 Liter Wasser mit 4 Teelöffel Salz aufkochen. Die Roastbeefstränge darin nacheinander 30 Sekunden garen und dann in der gekühlten Marinade wenden, anschließend 2 Stunden im Kühlschrank darin ziehen lassen.

1 Gurke schälen und in dünne Scheiben hobeln. Mit 1 Teelöffel Salz vermischt mindestens 30 Minuten im Sieb abtropfen lassen. 1 rote Chilischote putzen und in Ringe schneiden, Kerne entfernen. Mit 4 Esslöffel Apfelessig, 4 Esslöffel Apfelsaft und 1 Esslöffel braunem Zucker aufkochen und die abgetropften Gurken damit anmachen. 1 Stunde durchziehen lassen.

300 Gramm Glasnudeln in kochendem Wasser bissfest garen, in einem Sieb kalt abspülen und etwas zerschneiden. Mit den Gurken vermischen und auf Tellern anrichten. Das marinierte Roastbeef quer zur Faser in Scheiben schneiden und auf dem Salat anrichten.

Nudelsalat mit Muscheln, Ei und Zuckerschoten

<u>250 Gramm kompakte Eiernudeln</u>
(z. B Spiralnudeln oder Hörnchen) in
reichlich Salzwasser nach Packungsaufschrift fast bissfest kochen. Die Nudeln
dann in ein Sieb abgießen und mit kaltem Wasser abkühlen.

<u>500 Gramm Miesmuscheln</u> für 5 Minu-
ten in eiskaltes Wasser legen, geöffnete
Muscheln aussortieren und wegwerfen.
<u>1 kleine rote Zwiebel</u> abziehen und in
Ringe schneiden. In einem großen Topf in
<u>2 Esslöffel Öl</u> zugedeckt bei mittlerer Hitze
5 Minuten dünsten, dann die Hitze erhö-
hen und die Muscheln hineingeben. Diese
zugedeckt unter öfterem Rütteln 4–5 Minuten garen, bis sie sich geöffnet haben.
Geschlossene Muscheln wegwerfen, den
Sud durch ein feines Sieb gießen.

<u>250 Gramm Zuckerschoten</u> waschen, putzen
und schräg in feine Streifen schneiden. <u>1 klei-
nes Bund Dill</u> waschen und trockenschütteln,
die Spitzen grob hacken. Den Dill mit <u>4 Esslöffel Sherry-Essig, 5 Esslöffel Muschelsud,
etwas Salz, Pfeffer</u> und zum Schluss <u>4 Esslöffel
Öl</u> verrühren.

<u>3 Eier</u> mit dem Schneebesen glatt verquirlen,
sie dabei aber nicht zu schaumig schlagen,
und leicht salzen. <u>1 Esslöffel Öl</u> in einer großen
beschichteten Pfanne zerlassen, Ei hineingie-
ßen und zugedeckt bei kleinster Hitze stocken
lassen. Abkühlen lassen. In Stücke teilen und
samt Nudeln, Muscheln und Zuckerschoten mit
dem Dressing anmachen. 15 Minuten ziehen
lassen und servieren. (Rezeptfoto auf Seite 172)

Miesmuscheln werden mit roten Zwiebeln in Öl angebraten
und dämpfen dann im eigenen Saft. Anschließend werden sie samt feingeschnittenen Zuckerschoten und frisch
gekochten Spiralnudeln angemacht. Darunter wird lockeres
Rührei gemischt.

SCHÖN IN SCHALEN

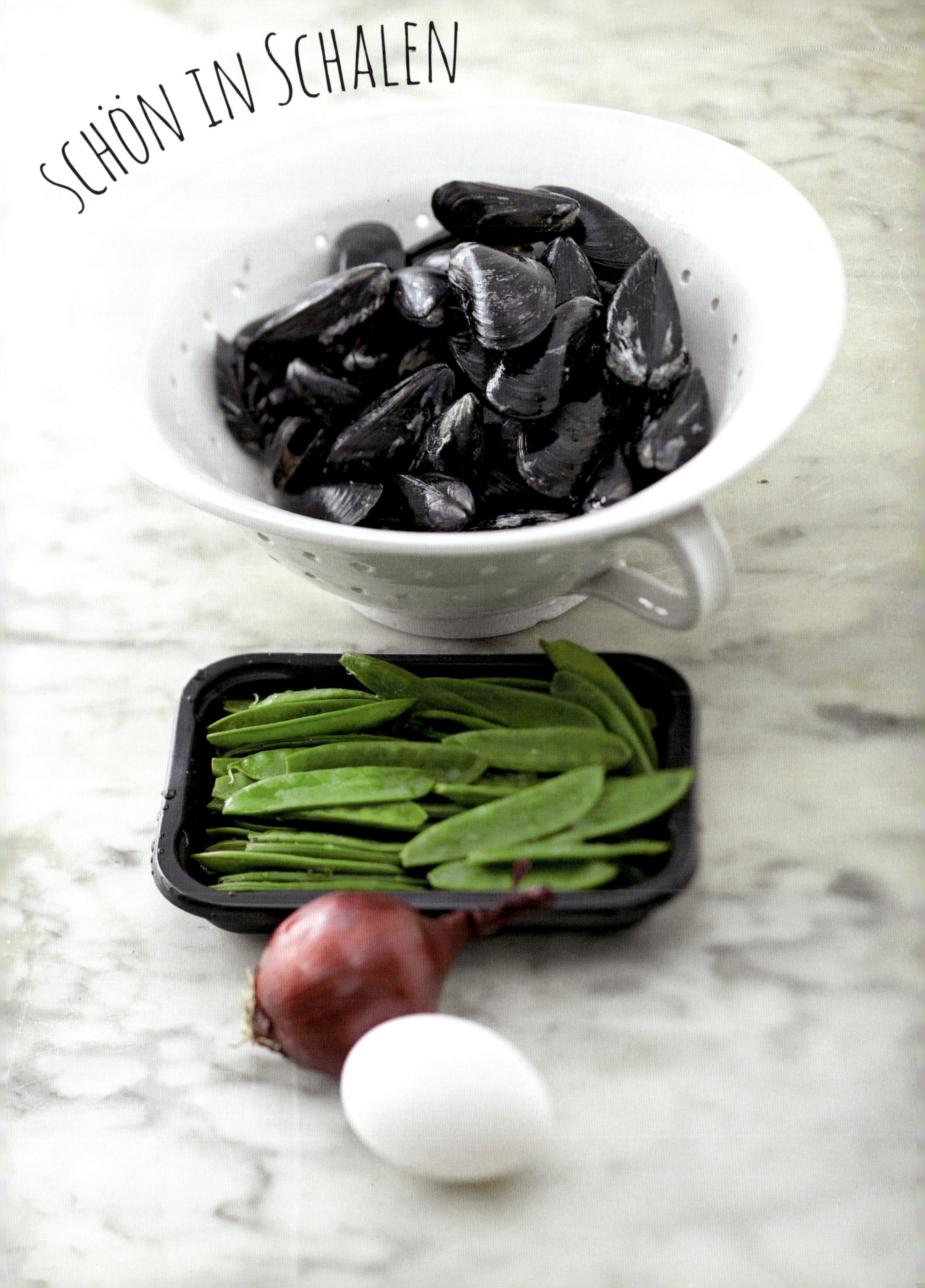

Partynudelsalat

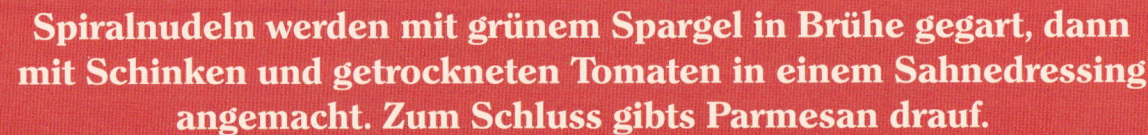

> Spiralnudeln werden mit grünem Spargel in Brühe gegart, dann mit Schinken und getrockneten Tomaten in einem Sahnedressing angemacht. Zum Schluss gibts Parmesan drauf.

1. Die Sahne mit Essig, ½ Teelöffel Salz, Pfeffer und ½ Teelöffel Worcestersauce verrühren und beim Herd stehen lassen – ein bisschen Wärme lässt die Sauce noch besser reifen.

2. Spargel waschen und die Enden abschneiden, falls nötig das untere Drittel schälen. Die Stangen in 3 Zentimeter lange Stücke schneiden. Den Schinken in Stücke schneiden, die Tomaten würfeln. Schnittlauch waschen, trockenschütteln und in Röllchen schneiden.

3. 4 Liter Wasser mit den Brühwürfeln und 2 Teelöffel Salz aufkochen. Die Nudeln darin nach Packungsaufschrift bissfest kochen, in den letzten 5 Minuten den Spargel

Zutaten für 4 Personen

100 g Sahne
4 EL Weißweinessig
Salz, weißer Pfeffer
Worcestersauce
500 g grüner Spargel
250 g milder roher Schinken
100 g eingelegte getrocknete Tomaten
2 Bund Schnittlauch
8 Brühwürfel
500 g Fusilli
100 g Parmesan am Stück

Zubereitungszeit:
30 Minuten +
2 Stunden Ziehen

zugeben. In ein Sieb gießen und mit kaltem Wasser abspülen.

4. Spargel und Nudeln sowie alle vorbereiteten Zutaten mit der Sahnesauce mischen und kräftig abschmecken. Den Salat zugedeckt 2 Stunden ziehen lassen. Dann den Parmesan grob über den Salat hobeln und aufs Büfett damit.

JETZT NOCH WAS!

Gibt es keinen Spargel, können Sie auch mitteldicke Zucchini nehmen. Diese in den letzten 5 Minuten im Ganzen mitkochen, nach dem Garen längs halbieren und quer in dünne Scheiben schneiden.

Kalte Soba mit scharfem Soja-Rettich

Japanische Buchweizennudeln werden schonend gegart und pur mit Rettich und Lauchzwiebeln serviert. Dann dippt man sie in eine Mischung aus Sojasauce und Mirin.

1. Die Brühe nach Packungsaufschrift zubereiten und mit Sojasauce, Mirin und Zucker aufkochen, bis sich der Zucker gelöst hat. Die Mischung von der Kochstelle ziehen und 6 Stunden oder über Nacht in der Küche stehen lassen, damit das Aroma reifen kann.

2. 3 Liter Wasser aufkochen und die Soba-Nudeln hineingeben. Sobald sie zu kochen beginnen, ⅛ Liter kaltes Wasser zugießen, damit die Nudeln nicht schwammig werden. Auf diese Weise die Soba-Nudeln noch zweimal aufkochen und abschrecken und dann nach Packungsaufschrift bissfest kochen.

3. Die Nudeln in ein Sieb abgießen und in einer Schüssel mit kaltem Wasser kurz abkühlen. Zurück ins Sieb schütten und sehr gut abtropfen lassen. Inzwischen die Lauchzwiebel waschen, putzen und in feine Ringe schneiden. Den Rettich schälen und fein reiben.

4. Die Soba-Nudeln auf vier Schalen verteilen, das Nori-Blatt in einer Serviette zerbröseln und darüberstreuen. Den Dip auf vier Schälchen verteilen, Lauchzwiebelringe, Rettich und Wasabi daneben anrichten. Sie werden beim Essen in den Dip gerührt, dann taucht man die Soba ein und genießt sie.

Zutaten für 4 Personen

300 ml Dashi (japanische Fisch-Algen-Brühe, gibts zum Anrühren im Asialaden)

70 ml kräftige japanische Sojasauce (z. B. Tamari – gibts im Bioladen)

50 ml Mirin (gesüßter Reiswein zum Kochen, sonst süßer Sherry)

2 TL Zucker

250 g Soba-Nudeln

1 Lauchzwiebel

50 g Rettich

Wasabi

1 Nori-Blatt (getrocknete Algen zum Rollen von Sushi)

Zubereitungszeit:
30 Minuten + 1 Nacht Reifen

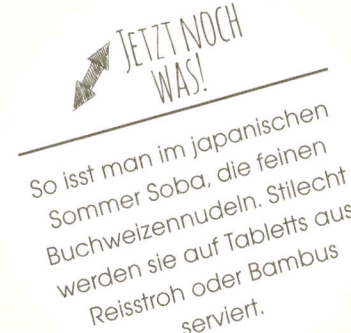

JETZT NOCH WAS!

So isst man im japanischen Sommer Soba, die feinen Buchweizennudeln. Stilecht werden sie auf Tabletts aus Reisstroh oder Bambus serviert.

Kalte Hokkien mit Huhn und Sichuan-Sauce

Hähnchenbrüste ziehen sanft in einem Sud und werden abgekühlt zerpflückt. Dazu kommen frisch gekochte Hokkien-Nudeln und ein Dip aus Sesam und Sichuan-Pfeffer.

1. Lauchzwiebeln waschen, putzen und in 2–3 Zentimeter lange Stücke schneiden. Mit den Hähnchenfilets nebeneinander in einen eben passenden Topf setzen, mit dem Salz bestreuen und knapp mit kaltem Wasser bedecken. Dies zum Kochen bringen und die Hähnchenbrustfilets darin 5 Minuten bei sanfter Hitze garen. Kochstelle ausschalten und das Fleisch im Sud erkalten lassen.

Zutaten für 4 Personen

4 Lauchzwiebeln

4 Hähnchenbrustfilets ohne Haut, 1 TL Salz

250 g chinesische Hokkien-Nudeln oder andere feine Eiernudeln

1 TL dunkles Sesamöl

4 EL Sesamsamen

1 EL Sichuan-Pfefferkörner (aus dem Asialaden)

1 TL brauner Zucker

2 EL Öl

3 EL Sojasauce

Zubereitungszeit:
30 Minuten + Abkühlzeit für das Fleisch

2. Die Nudeln nach Packungsaufschrift in ungesalzenem Wasser bissfest kochen, in ein Sieb gießen und mit kaltem Wasser abkühlen. Gut abtropfen lassen und mit 1 Teelöffel Sesamöl vermischen.

3. Die Sesamsamen mit dem Pfeffer in einer trockenen Pfanne anrösten, bis es duftet. Mit Zucker mischen, abkühlen lassen und grob zerstoßen, das geht am besten im Mörser. Öl in einem Topf erhitzen, mit Sojasauce ablöschen und dies über die Sesammischung gießen.

4. Das Hähnchenfleisch zerpflücken und samt Lauchzwiebeln mit den Nudeln und der Sichuan-Sauce vermischen. Gleich servieren.

TANTE ERIKA RÄT

Wenn wie hier Sesamsamen oder in anderen Gerichten auch Nüsse, Mandeln oder Pinienkerne angeröstet werden, diese immer vor dem Mörsern abkühlen lassen, sonst verkleben die warmen Öle darin alles.

Pork Noodle Salad

 Frisch gebratenes Schweinefilet wird samt frischem Basilikum, Apfelspalten und Reisnudeln mit einem Thai-Curry-Dressing lauwarm angemacht.

1. Die Zwiebeln vierteln, abziehen und in Streifen schneiden. Mit ¼ Teelöffel Salz mischen. Vom Basilikum die Blätter abzupfen. Reisnudeln nach Packungsaufschrift in reichlich Wasser ohne Salz kochen, in ein Sieb abgießen und kalt abspülen.

 JETZT NOCH WAS!

Das Einsalzen der Zwiebeln macht sie geschmeidiger, nimmt ihnen etwas von der rohen Schärfe und steigert zugleich ihr Aroma. Gut bei Marinaden, Dressings und Dips.

Zutaten für 4 Personen

2 rote Zwiebeln
Salz
2 Bund Basilikum
250 Reisnudeln
1 Schweinefilet
Pfeffer
1 EL Öl
50 ml Rinderbrühe
2 EL asiatische Fischsauce
3 EL Zitronensaft
1 EL Zucker
1 TL rote Thai-Currypaste
1 grüner säuerlicher Apfel (z. B. Granny Smith)

Zubereitungszeit:
45 Minuten

2. Den Ofen auf 180 Grad vorheizen (Umluft 160 Grad). Das Schweinefilet mit Salz und Pfeffer würzen und im heißen Öl in einer ofenfesten Pfanne rundum anbraten. Anschließend in 15 Minuten im heißen Ofen rosa braten. Aus der Pfanne nehmen und abkühlen lassen.

3. Den Bratsatz mit Brühe, Fischsauce, Zitronensaft und Zucker einmal aufkochen, die Currypaste darin verrühren.

4. Das Schweinefilet in dünne Scheiben schneiden, den Apfel waschen, samt Schale vierteln, entkernen und in dünne Spalten schneiden. Nun alles zusammen mit den gesalzenen Zwiebeln mit der warmen Marinade vermengen und auf vier Teller verteilen.

ITALIENISCH, DEUTSCH & JAPANISCH »»
Drei fixe Suppen

Alles klar bei diesen Blitzrezepten: Mal sind es Tortellini und Brokkoli in Brühe, mal Erbsen und Spätzle in Weinsud, mal Somen und Pilze in Miso-Suppe.

Tortellini in brodo

Für 4 Personen 750 Gramm Brokkoli waschen und putzen. Dabei mundgerecht in Röschen teilen, den Strunk und dicke Stiele schälen und in passende Scheiben schneiden. 1 Knoblauchzehe abziehen und in feine Scheiben schneiden. 100 Gramm eingelegte getrocknete Tomaten würfeln. 5 Salbeiblätter quer halbieren.

Knoblauch, Tomaten und Salbei in 1 Liter Gemüsebrühe aufkochen. Brokkoli zugeben und etwa 5 Minuten kochen. 400 Gramm frische Tortellini mit Käsefüllung darin nach Packungsaufschrift garen. (Insgesamt sollte der Brokkoli nicht länger als 8 Minuten garen.) Mit Salz, weißem Pfeffer und frisch geriebener Muskatnuss würzen.

Die Suppe in Teller oder Schalen füllen und über jede Portion 1 Esslöffel frisch geriebenen Parmesan geben. (Rezeptfoto Seite 184 unten)

Erbsensuppe mit Spätzle

Für 4 Personen 250 Gramm getrocknete Spätzle in reichlich Salzwasser nach Packungsaufschrift nicht ganz bissfest kochen. In ein Sieb gießen und kalt abschrecken. 300 Gramm tiefgekühlte Erbsen in 2 Esslöffel Butter 5 Minuten dünsten. Mit Salz und Pfeffer würzen, mit 750 Milliliter Gemüsebrühe und 150 Milliliter trockenem Weißwein aufgießen. Dies einmal aufkochen.

1 Bund frische Salatkräuter waschen, die Blätter hacken. Die Spätzle in die Suppe geben und noch etwa 1 Minute kochen lassen, sodass sie bissfest sind. Die Kräuter einrühren, die Suppe abschmecken und servieren.

Pilz-Lauch-Suppe mit Miso und Somen

250 Gramm japanische Somen (dünne Weizennudeln) in reichlich Wasser ohne Salz nach Packungsaufschrift fast bissfest kochen. In ein Sieb gießen und kalt abspülen. 150 Gramm Shiitakes mit Küchenpapier abreiben, die Stiele abschneiden und die Kappen in dünne Scheiben teilen. Nudeln und Shiitakes auf vier Suppenschalen verteilen. 1 kleine Stange Lauch putzen, in Ringe schneiden und in einem Sieb gründlich mit kaltem Wasser abbrausen. Die Lauchringe in 1 Liter Dashi in 5 Minuten bissfest kochen – die japanische Grundbrühe aus getrocknetem Fisch und Algen gibt es zum Anrühren im Asia- oder Bioladen.

Die Suppe von der Kochstelle ziehen. 4 Esslöffel rote Misopaste in ein feines Sieb geben – man bekommt diese Paste als »Hikari« in Asia- und Bioläden, ihre Farbe liegt zwischen Beige und Braun. Das Sieb in die Suppe hängen und die Misopaste mit einem Schneebesen langsam einrühren. Die heiße Suppe in die Suppenschalen geben und gleich servieren. (Rezeptfoto Seite 184 oben)

Das Prinzip Nudelsuppe

Ob japanische Ramen oder deutscher Eintopf, Nudeln werden fast nie in der Suppe mitgekocht, sondern extra gegart. So behalten alle Komponenten ihren eigenen Geschmack und sind auf den Punkt fertig. Bevor sie in die Brühe kommen, werden die Nudeln immer kalt abgespült, so wird die überflüssige Stärke, die die Suppe nur trüben würde, abgewaschen.

Für die Pilz-Lauch-Suppe werden japanische Somen frisch gekocht und abgekühlt, dazu gibt es kurz in Dashi gegarten Lauch und rohe Shiitakes in Scheiben. Zum Schluss wird noch rote Miso-Paste in die Suppe gerührt.

KEINE ANGST VOR TÜTEN!

Soupe au pistou

 Kartoffeln und frische Bohnenkerne garen mit Bohnenkraut, dazu kommen Sommergemüse und Makkaroni. Zum Schluss krönt das Ganze ein Löffel Basilikumpaste.

1. Die Gemüse waschen und putzen. Zucchini in Scheiben schneiden, die Bohnen quer halbieren. Die Tomaten achteln, Stielansätze dabei entfernen. Die Kartoffeln schälen und in Würfel schneiden. Das Bohnenkraut waschen.

2. Die Schalotten abziehen, in Ringe schneiden und in einem großen Topf in 2 Esslöffel Öl zugedeckt 3 Minuten dünsten. Kartoffeln, frische Bohnenkerne und Bohnenkraut zugeben,

mit 1 Liter Wasser auffüllen und alles 10 Minuten kochen lassen.

3. Nun Zucchini, grüne Bohnen, Tomaten und 1 Teelöffel Salz zugeben und das Ganze weitere 10 Minuten kochen lassen. Jetzt kämen auch vorgekochte Bohnenkerne, falls verwendet, dazu. Makkaroni je nach Packungsaufschrift zugeben, sodass sie zum Schluss bissfest sind.

4. Inzwischen Knoblauch abziehen und grob hacken, Basilikumblätter ebenfalls grob hacken. Beides im Mörser fein reiben und mit dem übrigen Öl mischen oder samt Öl mit dem Mixstab zerkleinern. Nach Wunsch geriebenen Käse zugeben.

5. Die fertige Suppe abschmecken, auf tiefe Teller verteilen und je 1 Löffel Pistou hineingeben.

Zutaten für 4–6 Personen

2 kleine Zucchini

200 g grüne Bohnen

3 aromatische Tomaten

250 g vorwiegend festkochende Kartoffeln

4 Zweige Bohnenkraut

4 Schalotten

6 EL bestes Olivenöl

150 g weiße Bohnenkerne, frisch oder vorgekocht

Salz

150 g kurze Makkaroni

3 Knoblauchzehen

1 Bund Basilikum

nach Wunsch 1–2 EL Hartkäse, frisch gerieben

Zubereitungszeit: 45 Minuten

 JETZT NOCH WAS!

Richtig gut wird das Gericht mit frischen Bohnenkernen, die es bei uns von Juni bis August gibt. Ersatzweise gehen auch über Nacht eingeweichte und in 1–1 ½ Stunden fast bissfest gegarte Trockenbohnen.

Avgolemono mit Garnelen und Kritharaki

Griechische Reisnudeln garen mit Zitrone, Knoblauch und Lorbeer in Hühnerbrühe, dazu kommen Garnelen, am Ende wird ein Eischaum mit Zitrone eingerührt.

1. Die Zitrone heiß abwaschen, die Schale abreiben und den Saft auspressen. Knoblauch abziehen und halbieren. Die Brühe mit Zitronenschale, Knoblauch, Lorbeer und Salz aufkochen.

2. Kritharaki in einem Sieb mit kaltem Wasser abspülen und nach Packungsaufschrift in der Brühe bissfest kochen. Inzwischen die Garnelen längs halbieren, von den dunklen Darmsträngen befreien und kurz abspülen. In die Suppe geben und diese von der Kochstelle ziehen.

Zutaten für 4 Personen

- 1 Bio-Zitrone
- 3 Knoblauchzehen
- 1,2 l Hühnerbrühe
- 1 Lorbeerblatt
- ½ TL Salz
- 100 g Kritharaki-Nudeln
- 200 g geschälte Garnelen
- 2 Eier
- 1 EL gehackter Dill und Dill für die Garnitur
- gemahlener Zimt
- weißer Pfeffer

Zubereitungszeit: 30 Minuten

3. Eier mit Zitronensaft, Dill, Zimt und 2 Esslöffel Suppe schaumig schlagen. Diesen Schaum neben dem Herd nach und nach in die Suppe rühren. 1 Minute stehen lassen, die Suppe mit Pfeffer abschmecken, dann auf Schalen verteilen, mit etwas Dill bestreuen und gleich servieren.

JETZT NOCH WAS!

Avgolemono ist griechisch für »Ei und Zitrone«, die typischen Zutaten dieser Suppe. Hier eine gehaltvolle Deluxe-Version mit griechischen Reisnudeln. Ersatzweise können auch Risoni genommen werden.

Udon mit Lachs und Gurken

Frisch gekochte und abgekühlte Udon-Nudeln kommen mit asiatisch gewürzter Hühnerbrühe und gedünsteten Gurken in eine Schale. Dazu gibts gebratenen Lachs.

1. Den Ingwer schälen und in dünne Scheiben schneiden. Lauchzwiebeln waschen, putzen und in Stücke schneiden. Beides mit Brühe, Fischsauce, Reiswein, Zucker und Sternanis 1 Stunde leise zugedeckt köcheln lassen und durch ein feines Sieb in einen zweiten Topf gießen.

2. Inzwischen die Gurke schälen, längs halbieren und mit einem Löffel die Kerne herausstreichen. Gurkenhälften schräg in lange dünne Scheiben schneiden. Den Lachs in 4 Stücke schneiden.

3. Udon in reichlich kochendem Wasser ohne Salz nach Packungsaufschrift garen, in ein Sieb gießen und mit kaltem Wasser abkühlen.

4. Die Suppe abschmecken und erhitzen. Den Lachs salzen, im heißen Öl in einer Pfanne auf jeder

Zutaten für 4 Personen

1 Stück frischer Ingwer (walnussgroß)

3 Lauchzwiebeln

1 l Hühnerbrühe

50 ml asiatische Fischsauce

⅛ l chinesischer Reiswein (ersatzweise milder Sherry oder Brühe)

1 EL brauner Zucker

1 Sternanis

1 Salatgurke

400 g Lachsfilet mit Haut

250 g Udon-Nudeln

Salz

1 EL Öl

2 EL süße Chilisauce

Zubereitungszeit:
1 Stunde 15 Minuten

Seite 2 Minuten braten und zwischen zwei Tellern warm halten. Im Bratsatz die Gurken mit 5 Esslöffel Brühe und der Chilisauce 2–3 Minuten andünsten, dann salzen.

5. Udon und Gurken in Suppenschalen setzen. So viel Brühe angießen, dass alles gerade bedeckt ist. Den Lachs daraufsetzen und das Gericht servieren.

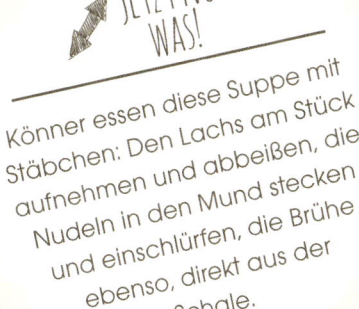

JETZT NOCH WAS!

Könner essen diese Suppe mit Stäbchen: Den Lachs am Stück aufnehmen und abbeißen, die Nudeln in den Mund stecken und einschlürfen, die Brühe ebenso, direkt aus der Schale.

Wantan-Suppe

Fisch, Muscheln und Speck werden mit Lauchzwiebeln und Sojasprossen püriert und mit Sojasauce und Limette gewürzt. Dies wird in Teigblättern gegart und in Brühe serviert.

1. Wantan-Blätter auftauen lassen (siehe Tipp). Den Fisch grob hacken, Muschelfleisch im Sieb kalt abspülen und grob hacken. Speck grob hacken. Lauchzwiebeln waschen und putzen, das Weiße grob hacken und das Grün in Ringe schneiden. Die Sojasprossen abbrausen und abtropfen lassen und grob hacken. Limette heiß waschen, die Schale dünn abreiben, Saft auspressen.

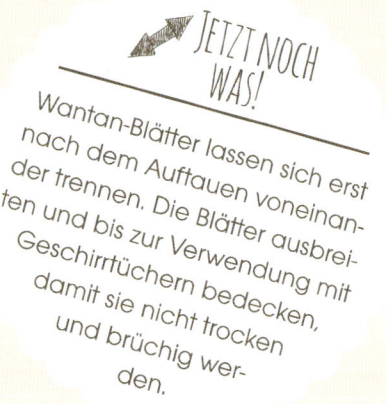

Jetzt noch was!

Wantan-Blätter lassen sich erst nach dem Auftauen voneinander trennen. Die Blätter ausbreiten und bis zur Verwendung mit Geschirrtüchern bedecken, damit sie nicht trocken und brüchig werden.

Zutaten für 4 Personen

etwa 20 Wantan-Blätter (tiefgekühlt, aus dem Asialaden)

250 g Fischfilet

100 g gekochtes Miesmuschelfleisch aus Glas oder Dose

50 g fetter Räucherspeck in Scheiben

1 Bund Lauchzwiebeln

1 Handvoll Sojasprossen

1 Bio-Limette

1 EL Sojasauce

1 Eiweiß (Ei Größe S)

Pfeffer

1 TL Speisestärke

1 Stück frischer Ingwer (walnussgroß)

400 ml Gemüsebrühe

800 ml Fischfond

Salz

Zubereitungszeit:
1 Stunde

2. Alles Gehackte mit Limettenschale und Sojasauce in den Mixer geben und fein mixen. Limettensaft und Eiweiß kurz daruntermixen. Mit Pfeffer abschmecken. Die Mischung 10 Minuten kühl stellen.

3. Speisestärke mit etwas Wasser zur dicken Paste verrühren. In die Mitte der Wantan-Blätter 1 Teelöffel Füllung geben, den Rand mit dem Finger dünn mit Stärkepaste bestreichen. Blätter über die Füllung zu Dreiecken falten und am Rand gut festdrücken.

4. Ingwer schälen und dünn hobeln, mit Brühe und Fischfond aufkochen. Derweil reichlich Salzwasser aufkochen. Die Wantans portionsweise darin 2–3 Minuten garen, bis sie nach oben steigen. Mit Zwiebelgrün in Suppenschalen geben und mit der Suppe übergießen.

Soba mit Tempura

Garnelen, Lauchzwiebeln und Shiitakes werden in hauchdünnem Teig frittiert und auf Soba-Nudeln in japanischer Brühe serviert – leichtes Aufweichen gehört dazu.

1. Lauchzwiebeln waschen und putzen, das dunkle Grün entfernen. Das helle Grün in Ringen abschneiden, bis das weiße Stück jeweils auf etwa 5 Zentimeter gekürzt ist. Dies längs zweimal über Kreuz bis 1 Zentimeter vor dem unteren Ende einschneiden. Mindestens 15 Minuten in mit Eiswürfel gekühltes Wasser legen.

2. Die Garnelen putzen und schälen, dabei die Schwanzflossen dranlassen. Das Garnelenfleisch am Rücken leicht einschneiden und den dunklen Darmstrang entfernen. Die Garnelen kurz abspülen und abtropfen lassen. Pilze mit Küchenpapier abreiben, die Stiele entfernen und die Kappen halbieren.

3. Soba-Nudeln nach Packungsaufschrift in reichlich Wasser ohne Salz garen, in ein Sieb abgießen und mit kaltem Wasser völlig abkühlen. Gut abtropfen lassen und auf große Suppenschalen verteilen.

Zutaten für 4 Personen

4 Lauchzwiebeln

einige Eiswürfel für ein Eiswasserbad

8 rohe Garnelen in der Schale

4 Shiitakepilze

250–300 g Soba-Nudeln (je nach Packungsgröße)

1 l Dashi (japanische Fisch-Algen-Brühe, gibts zum Anrühren im Asialaden)

2 EL Reiswein oder Sherry

1 EL Sojasauce

1 l Frittierfett

1 Eigelb

½ TL Salz

200 g Weizenmehl

Zubereitungszeit: 1 Stunde

4. Dashi mit Reiswein und Sojasauce aufkochen. Das Frittierfett in einem Wok oder Topf auf 170–180 Grad erhitzen. Eigelb mit Salz und 400 Milliliter eiskaltem Wasser verrühren, dann das Mehl einrühren, bis es sich gerade gelöst hat – lieber kürzer als völlig glatt rühren.

5. Nun die gut abgetropften und trockengetupften Lauchzwiebeln (sie sollten jetzt »aufgeblüht« sein), die Garnelen und die Pilze nach und nach in den Teig tauchen und dann jeweils im heißen Fett in 1–2 Minuten blassgelb frittieren. Auf Küchenpapier entfetten.

6. Dashi auf die Suppenschalen verteilen, Tempura daraufgeben und mit den Lauchzwiebelringen bestreuen. Gleich servieren.

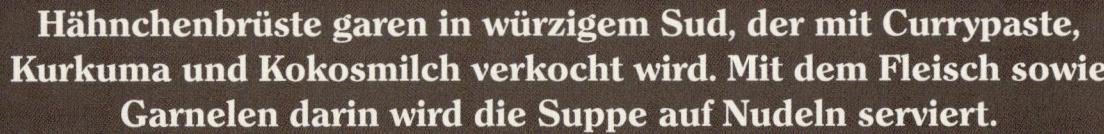

Singapore Laksa

Hähnchenbrüste garen in würzigem Sud, der mit Currypaste, Kurkuma und Kokosmilch verkocht wird. Mit dem Fleisch sowie Garnelen darin wird die Suppe auf Nudeln serviert.

1. Garnelen von den Darmsträngen befreien und abspülen. Knoblauch und Zwiebel abziehen und würfeln. Die Minze waschen und die Blätter hacken. Die Stängel aufbewahren. Paksoi waschen, putzen und längs vierteln. Chili hacken, Limettenblätter in Streifen schneiden.

2. In 1 Esslöffel Öl die Zwiebel und die Hälfte des Knoblauchs glasig braten, dann mit 1,5 Liter Wasser aufgießen und mit Minzestängeln sowie Nelken und Zimt 15 Minuten leise köcheln lassen. Hähnchenbrüste einlegen und 15 Minuten ziehen lassen. Das Fleisch dann herausheben, den Sud durch ein Sieb passieren. Die Nudeln nach Packungsaufschrift garen, in ein Sieb gießen und mit kaltem Wasser abkühlen.

3. Von der Kokosmilch 4 Esslöffel Rahm abnehmen und in einem Topf erhitzen. Darin den übrigen Knoblauch mit Chili, Limettenblättern,

Zutaten für 4 Personen

500 g geschälte Garnelen

4 Knoblauchzehen

1 Zwiebel

4 Zweige Minze

4 kleine Paksoi (chinesisches Blattgemüse)

1 rote Chilischote

4 Kaffirlimettenblätter (gibts im Asialaden)

3 EL Öl

2 Nelken

1 Stück Zimtstange (3 cm)

2 Hähnchenbrustfilets ohne Haut

250 g mitteldicke asiatische Weizennudeln

400 ml ungesüßte Kokosmilch (Dose)

2–3 TL rote Currypaste

½ TL gemahlene Kurkuma

Zubereitungszeit:
1 Stunde 15 Minuten

Currypaste und Kurkuma 5 Minuten dünsten. Mit Hähnchensud und restlicher Kokosmilch aufkochen lassen, den Paksoi darin 1 Minute garen.

4. Die Hähnchenbrust in Streifen schneiden und mit Garnelen und gehackter Minze sanft in der Suppe erhitzen. Noch 2 Minuten ziehen lassen, dann die Nudeln auf Portionsschalen verteilen und die Suppe darübergießen.

JETZT NOCH WAS!

Nicht vor der langen Zutatenliste erschrecken, sondern lieber von den Zutaten für die Kokos-Currypaste gleich die doppelte Menge verarbeiten – die nächste Laksa ist dann ein Klacks.

Ramen mit Schwein

Schweinefleisch wird angebraten, anschließend im Sojasud weich geschmort. Japanische Ramen, Frühlingszwiebeln und Sprossen kommen am Schluss mit in den Suppentopf.

1. Den Schweinenacken mit Küchengarn umwickeln und wie einen Rollbraten in Form binden, dann mit Fünf-Gewürze-Pulver einreiben. Ingwer schälen, Knoblauch abziehen, beides in dünne Scheiben schneiden und in einem Topf mit Sojasauce, Reiswein sowie 125 Milliliter Wasser aufkochen.

2. Das Fleisch in einem zweiten, gerade passenden Topf rundherum im heißen Öl anbraten. Den Sojasud darübergießen, Deckel drauf und das Fleisch bei ganz kleiner Hitze in 1–1 ½ Stunden weich schmoren, dabei öfters wenden. Inzwischen die Lauchzwiebeln waschen, putzen und in Ringe schneiden.

3. Das fertig gegarte Fleisch in Folie wickeln und neben dem Herd ruhen lassen, Sud aufbe-

wahren. Den Geflügelfond aufkochen und die Nudeln darin nach Packungsaufschrift bissfest garen, in ein Sieb gießen und mit kaltem Wasser abspülen.

4. Das Fleisch auswickeln und in dünne Scheiben schneiden. Nudeln auf Schalen verteilen, je 1 Esslöffel Sojasud darübergeben und die Nudeln mit Suppe übergießen. Sprossen, Zwiebelringe und das Fleisch darauf verteilen.

Zutaten für 4–6 Personen

600 g Schweinenacken

Küchengarn

¼ TL chinesisches Fünf-Gewürze-Pulver

1 Stück frischer Ingwer (haselnussgroß)

2 Knoblauchzehen

⅛ l japanische Sojasauce

⅛ l japanischer Reiswein oder trockener Sherry

2 EL Öl

2 Lauchzwiebeln

1,5 l Geflügelfond

500 g Ramen-Nudeln oder chinesische Eiernudeln

1 Handvoll Sojasprossen

Zubereitungszeit: 2 Stunden

JETZT NOCH WAS!

Nicht nur die Nudeln selbst, sondern auch die daraus hergestellten Nudelsuppen werden Ramen genannt. In Japan gibt es spezielle Restaurants – die Ramen-Läden beziehungsweise Ramen-ya –, die ausschließlich diese Suppen verkaufen.

Goldene Hühnernudelsuppe

Glücksfutter mit allem, was gut und golden ist: Ein Huhn gart sanft mit Möhren, Tomaten, die in Italien Goldapfel heißen, und wird dann mit Eiernudeln in seiner Brühe serviert.

1. Möhren und Ingwer schälen, Knoblauch abziehen. Die Kräuter waschen, die Lorbeerblätter einreißen. Die Tomate waschen und den Stielansatz herausschneiden.

2. Das Huhn innen und außen mit kaltem Wasser abspülen, mit allen vorbereiteten Zutaten sowie mit Zitronenschale, Zimtstange, Zucker, Salz und Pfeffer in einen Topf geben.

3. Das Huhn knapp mit kaltem Wasser bedecken und langsam bei kleiner Hitze zum Kochen bringen. 15 Minuten leise kochen lassen, dann den Topf von der Kochstelle ziehen und das Huhn darin erkalten lassen, am besten über Nacht.

4. Am nächsten Tag das Huhn aus der Brühe fischen, von Haut und Knochen befreien und das Fleisch in Stücke teilen. Die Möhren in Scheiben schneiden. Zitronenschale und Knoblauch hacken und mit den Möhren mischen. Die Tomate zerteilen. Die Hühnerbrühe durch ein feines Sieb in einen Topf gießen.

5. Lauchzwiebeln waschen und putzen, in feine Ringe schneiden. Diese in der Butter in etwa 5 Minuten goldgelb braten. Die Eier in kaltes Wasser geben, aufkochen und in 8 Minuten hart kochen. Abschrecken und pellen. Die Nudeln in reichlich Salzwasser nach Packungsaufschrift fast bissfest kochen, in ein Sieb gießen und kalt abspülen.

6. Die Hühnerbrühe aufkochen, Fleisch, Möhren, Tomate und Nudeln darin erhitzen, ohne die Brühe aufzukochen. Mit Salz, Pfeffer und Zitronensaft abschmecken. Die Suppe auf Teller oder Schalen verteilen, die Eier in Scheiben schneiden und diese sowie die Lauchzwiebeln darauf verteilen. Gleich servieren.

Zutaten für 4 Personen

- 2 Möhren
- 1 Stück frischer Ingwer (3 cm), 1 Knoblauchzehe
- 6 Zweige Thymian, 12 Lorbeerblätter
- 1 Tomate
- 1 Bio-Hähnchen (am besten ein goldgelbes Maishähnchen)
- 1 dünner Streifen Zitronenschale (4–5 cm)
- 1 Stück Zimtstange (3 cm)
- 1 TL brauner Zucker
- Salz, weißer Pfeffer
- 1 Bund Lauchzwiebeln
- 4 EL Butter
- 4 Eier
- 250 g dünne Eiernudeln
- Saft von ¼ Zitrone

Zubereitungszeit:
1 Stunde 30 Minuten
+ 1 Nacht Abkühlen

Easy Pho bo

 Rindfleisch gart mit Ingwer, Knoblauch, Zimt und Koriander in einer Brühe. Diese wird dann mit Reisnudeln, mariniertem Roastbeef und frischem Koriander serviert.

1. Die Knochen mit heißem und dann mit kaltem Wasser abspülen. Mit 2 Liter kaltem Wasser aufsetzen und dieses langsam zum Kochen bringen. Das Suppenfleisch darin 1 Stunde kochen lassen, dabei den Schaum abnehmen.

2. Inzwischen das Roastbeef in ganz dünne Streifen schneiden, mit 2 Esslöffel Fischsauce vermengen und kühl stellen. Koriander waschen, die Blättchen zupfen. Lauchzwiebeln waschen, putzen und das Grün in Ringe schneiden, die weißen Teile beiseite legen. Knoblauch abziehen,

Zutaten für 4 Personen

500 g Rinderknochen

400 g Suppenfleisch

200 g rohes mageres Roastbeef oder Filetsteak

100 ml asiatische Fischsauce und Fischsauce zum Servieren

1 Bund Koriandergrün

1 Bund Lauchzwiebeln

2 Knoblauchzehen

1 Stück frischer Ingwer (walnussgroß)

1 Zimtstange (5 cm)

1 TL Koriandersamen

1 TL Fenchelsamen

150 g dünne Reisnudeln (aus dem Asialaden, ersatzweise Suppennudeln)

Salz

Zubereitungszeit:
2 Stunden 15 Minuten

Ingwer schälen und beides in Scheiben schneiden. Gewürze in einer trockenen Pfanne 1 Minute anrösten.

3. Lauchzwiebelknollen, Knoblauch, Gewürze und restliche Fischsauce nach 1 Stunde Kochzeit zur Brühe geben und diese 1 weitere Stunde kochen lassen.

4. Dann Fleisch und Knochen aus der Brühe nehmen, die Brühe durch ein feines Sieb gießen und entfetten (siehe Tipp). Das Suppenfleisch von Knochen und Fett befreien und würfeln. Nudeln nach Packungsaufschrift garen, kalt abspülen.

5. Nudeln und Suppenfleisch in der Suppe erwärmen. Roastbeef, Zwiebelgrün und Koriander in Schälchen geben und mit der Flasche Fischsauce auf den Tisch stellen. Die Suppe in die Teller gießen und bei Tisch Fleisch, Zwiebeln, Koriander und Fischsauce einrühren.

JETZT NOCH WAS!

Um Brühe zu entfetten, das Fett an der Oberfläche in einen langsam eintauchenden Schöpflöffel laufen lassen und abschöpfen. Dies öfter wiederholen, bis nur noch ein paar Fettaugen übrig sind.

Nudeln mit Ochs

Eine klassische Kraftbrühe aus Ochsenfleisch und Hähnchenschenkeln wird mit frisch gekochten Suppennudeln und reichlich Fleisch serviert.

1. Die Knochen 1 Minute in kochendes Wasser legen und kalt abspülen. Sie dann in 3 Liter Wasser langsam aufkochen, 1 ½ Stunden köcheln lassen, den Schaum abschöpfen.

2. Suppengrün waschen und putzen bzw. schälen. Die Zwiebel ohne sie abzuziehen waschen, den Anschnitt in einer trockenen Pfanne dunkel rösten. Suppenfleisch und Hähnchenschenkel, Zwiebel, Pfeffer und Suppengrün zu den gegarten Knochen geben und in weiteren 1 ½–2 Stunden weich kochen.

3. Inzwischen die Suppennudeln nach Packungsaufschrift in Salzwasser kochen, in ein Sieb gießen und mit kaltem Wasser abkühlen. Gut abtropfen lassen.

4. Fleisch, Knochen und Gemüse aus der Suppe nehmen. Diese

Zutaten für 4–6 Personen

600 g Rinderknochen (keine Markknochen)

200 g Suppengrün

½ Zwiebel

800 g Suppenfleisch vom Ochsen (oder normales Rind)

1 Hähnchenschenkel

5 Pfefferkörner

250 g Suppennudeln

Salz

1 Bund Schnittlauch

Zubereitungszeit:
3 Stunden 30 Minuten bis 4 Stunden

durch ein mit einem Tuch ausgelegtes Sieb schöpfen und entfetten (siehe Tipp Seite 200).

5. Fleisch in mundgerechte Stücke schneiden, Schnittlauch waschen und in Röllchen schneiden. Suppe salzen, aufkochen und mit Nudeln, Fleisch und Schnittlauch in Tassen servieren.

TANTE ERIKA RÄT

Damit die Suppe sauber, aber voll schmeckt, gare ich die Nudeln für sich knapp al dente und koche sie für den letzten Biss noch einmal in der Brühe auf.

Spanische Nudel-suppe mit Chorizo

Im Ansatz aus Zwiebeln, Knoblauch und Oregano wird eine Bohnensuppe erhitzt, dazu kommen Staudensellerie, Spiralnudeln und schließlich Chorizo-Scheiben.

1. Staudensellerie zerteilen, waschen und putzen, die schönen Blätter beiseite legen. Von den Stangen die Fäden ziehen: Enden einschneiden, Fäden zwischen Klinge und Daumen geklemmt abziehen. Die Selleriestangen in 1–2 Zentimeter breite Stücke schneiden.

JETZT NOCH WAS!

Chorizo ist eine spanische Rohwurst aus Schweinefleisch, die kräftig gewürzt – vor allem mit Paprika – und luftgetrocknet wird. Für diese Suppe sind noch etwas weiche Würste am besten.

Zutaten für 6 Personen

1 Staudensellerie
1 kleine Zwiebel
1 Knoblauchzehe
2 TL getrockneter Oregano
8 EL Olivenöl
1 kleine Dose Bohnensuppe (400 g)
Salz, Pfeffer
250 g Spiralnudeln
2 spanische Chorizo-Würste oder andere pikante Rohwürste
1 TL scharfes Paprikapulver

Zubereitungszeit:
45 Minuten

2. Zwiebel und Knoblauch abziehen. Die Zwiebel grob hacken, den Knoblauch vierteln. Beides mit Sellerie und Oregano in 4 Esslöffel Öl langsam andünsten. 1,5 Liter Wasser samt der Bohnensuppe dazugeben und aufkochen. Salzen und pfeffern.

3. Nun Nudeln und Selleriegrün darin 10 Minuten kochen lassen – die Nudeln können ruhig etwas weich werden.

4. Inzwischen die Würste in Scheiben schneiden und in den letzten 5 Minuten mitköcheln lassen. Suppe auf Schalen verteilen, mit Olivenöl beträufeln und mit Paprika bestreuen.

Süßer indischer Nudelpudding

Fadennudeln rösten mit Pistazien in Butter und werden mit Korinthen in Milch weich gekocht. Nun kommen Zucker und Sahne dazu, bevor alles abgekühlt serviert wird.

1. Die Fadennudeln in der Packung in kleine Stücke brechen. Kardamomsamen aus den Schalen holen und fein zerstoßen. Die Korinthen in einem Sieb abspülen.

2. Die Butter in einem großen Topf zerlassen. Darin die Nudeln und die Pistazien 2–3 Minuten rösten. 2–3 Esslöffel dieser Mischung zur Garnierung herausnehmen, zum Rest die Milch gießen und aufkochen.

3. Korinthen zugeben und alles unter Rühren etwa 10–12 Minuten kochen, bis die Nudeln weich sind

Zutaten für 4 Personen

100 g Fadennudeln

10 schwarze Kardamomkapseln (oder ½ TL gemahlener Kardamom)

50 g Korinthen

50 g Butter

50 g Pistazienkerne

1 l Milch

60 g Zucker

200 g Sahne

Zubereitungszeit:
45 Minuten

und das Gericht eine leicht breiige Konsistenz hat. Nun den Zucker einrühren, bis er sich gelöst hat.

4. Neben dem Herd die Sahne einrühren, den Pudding in Schalen füllen und abkühlen lassen. Mit der Garnierung bestreuen und zimmerwarm servieren.

TANTE ERIKA RÄT

Rohe Nudeln werden in Butter gebraten, in Milch gekocht und mit Zucker verrührt. Klingt ein bisschen ballaballa? Nein, hier heißt es über den Pasta-Tellerrand hinausschauen: Als Dessert ist dieses Gericht göttlich.

PROBIER'S MAL:
ASIA-NUDELN

Mie und Hokkien, Udon und Soba, Reisnudeln und Glasnudeln – was sich alles an Unterschiedlichem hinter den einzelnen Namen verbirgt, verraten wir in der Speisekammer ab Seite 210. Trotz allem haben die Asia-Nudeln aber auch vieles gemeinsam – neben der Form vor allem das Kochen.

Salz? – Nein danke!

Andere Ausgangsprodukte (von Reismehl bis Mungobohnenstärke) und andere Verwendungen bedeuten eine andere Zubereitung bei Asia-Nudeln. Zwar werden auch sie fast alle in Wasser gekocht – aber ebenso wie beim Reis in Asien ohne Salz. Denn fast immer landen die Nudeln dann noch im Wok, in der Suppe oder im Salat, wo sie ähnlich wie Tofu möglichst neutral sein sollen, um die vorhandenen Aromen aufzusaugen. Und wenn sie separat, als Beilage, serviert werden, dann meistens mit einem sehr würzigen »Dazu« – hier wird der pure Nudelgeschmack als Kontrast gesehen.

Abschrecken? – Ja bitte!

Damit Asia-Nudeln in Wok, Suppe oder Salat weder kleben noch zu stark nachgaren, werden sie nach dem Garen abgeschreckt, also in ein Sieb in der Spüle abgegossen und dann so lange unter kaltem Wasser geschwenkt, bis sie ganz kalt sind. Sind sie besonders fein in Struktur (z. B. Fadennudeln) oder Aroma (z. B. Soba aus Buchweizen), werden sie zum Abkühlen auch gerne im Sieb in eine große Schüssel mit eiskaltem Wasser getaucht.

So oder so, die Nudeln dann gleich gut abtropfen lassen und weitermachen; sie schmecken wie unsere europäischen frisch gekocht am besten.

Nach Packungsaufschrift? – Immer!

Natürlich zählt auch bei Somen und Bami zum Schluss das eigene Gefühl beim Gar-Test. Aber anders als bei Pasta ist es sehr wichtig, vor dem Kochen erst einmal die Anleitung auf der Packung zu studieren. Denn je nach Grundzutat sind Art und Dauer der Zubereitung sehr unterschiedlich. Manche Nudeln werden nur kurz eingeweicht, andere müssen lange kochen, wobei nicht zu vergessen ist: »Al dente« ist kein asiatischer Begriff. Japanische Udon-Nudeln etwa sollen ein bisschen weich und schlüpfrig sein, damit man sie richtig schön schlürfen kann.

Muss man kochen? – Nicht immer.

Und dann gibts noch die Asia-Nudeltaschen, die man selber machen kann (mehr dazu auf den nächsten Seiten) oder zum Teil mit Teigblättern aus dem Tiefkühler. Sie werden meistens gedämpft (wie Xialongbao) und manchmal auch geschmort (wie Jiaozi oder Gyoza). Mehr dazu auf Seite 208–209.

Geschmorte Jiaozi mit Garnelen

Vollkorn-Teigtaschen gefüllt mit Chinakohl, Garnelen und Shiitakes werden angebraten und dann in Wasser geschmort, bis alles aufgesogen ist. Dazu gibts Sojasauce.

1. 150 Gramm Mehl mit Salz und 8 Esslöffel Wasser zu einem Krümelteig verkneten. 350 Milliliter Wasser aufkochen, zum restlichen Mehl gießen und das Ganze 2 Minuten verkneten. Nun beide Teige 5 Minuten miteinander verkneten und 30 Minuten ruhen lassen.

2. Chinakohl putzen, in feine Streifen schneiden, waschen und abtropfen lassen. Pilze putzen und wie die Garnelen grob hacken. Knoblauch abziehen und hacken. Alles 1 Minute kräftig mit den übrigen Zutaten für die Füllung verkneten und die Masse abschmecken.

3. Den Teig auf bemehlter Fläche nicht zu dünn ausrollen und Kreise ausstechen (Ø 12 Zentimeter). Übrigen Teig erneut verkneten, ausrollen und ausstechen.

4. Auf die Hälfte einer Teigscheibe 2 Esslöffel Füllung geben, Teigränder

Zutaten für 4–6 Personen

Für den Teig
300 g Vollkorn-Weizenmehl
½ TL Salz

Für die Füllung
300 g Chinakohl
150 g Shiitakepilze
200 g gegarte Garnelen ohne Schale
1 Knoblauchzehe
2 EL Sojasauce
1 EL trockener Reiswein oder Sherry
1 TL Ingwerpulver
Pfeffer, Zucker

Außerdem
4 EL Öl
Salz
Sojasauce

Zubereitungszeit:
1 Stunde 15 Minuten

mit Wasser bestreichen, die andere Hälfte darüberschlagen und die Ränder gut andrücken. Nun die Ränder drei- bis viermal einfalten, sodass die Füllung stramm in der Teigtasche sitzt. Die Enden etwas nach vorne biegen, sodass die Teigtasche aufrecht stehen kann. Auf diese Weise alle Jiaozi formen und 5 Minuten antrocknen lassen.

5. In einer großen Pfanne mit Deckel das Öl erhitzen, die Jiaozi mit dem Teigrand nach oben hineinsetzen und etwa 1 Minute bei kleiner Hitze anbraten. So viel kochendes Salzwasser angießen, dass der Boden knapp 1 Fingerbreit bedeckt ist. Die Jiaozi nun zugedeckt 2 Minuten stark kochen, dann 8–10 Minuten sanft schmoren lassen, bis die Flüssigkeit aufgesogen ist.

6. Die Jiaozi ohne Deckel 1–2 Minuten an der Unterseite knusprig braten. Mit Sojasauce servieren.

Dim Sum mit Lamm und Möhren

Hauchdünne Teigtaschen werden mit einer Mischung aus Lamm, Möhren und Basilikum gefüllt. Dann garen sie im Bambusdämpfer und werden mit einem Soja-Essig-Dip serviert.

1. Für den Teig das Mehl mit 125 Milliliter heißem Wasser verkneten, bis es eine krümelige Konsistenz hat. 6 Esslöffel kaltes Wasser, Salz und Öl zugeben, alles zu einem glatten, elastischen Teig verkneten – falls nötig, noch Wasser zugeben. In Folie gewickelt 30 Minuten ruhen lassen.

2. Für die Füllung das Entrecôte in einem Gefrierbeutel flach klopfen. Knoblauch abziehen, Ingwer schälen und beides würfeln. Möhren schälen und raspeln. Die Lauchzwiebel waschen und putzen, in feine Ringe schneiden.

3. Das Steak salzen und pfeffern und im Öl auf beiden Seiten bei starker Hitze kurz anbraten. Herausnehmen, abkühlen lassen und würfeln. Im Bratsatz Knoblauch, Ingwer, Möhren und Lauchzwiebel anbraten, Fischsauce und Zimt zugeben und 1 Minute bei mittlerer Hitze dünsten. Abkühlen lassen und mit dem

Zutaten für 4 Personen

Für den Teig
300 g Mehl
½ TL Salz, 1 TL Öl

Für die Füllung
250 g Lamm-Entrecôte
1 Knoblauchzehe
1 Stück Ingwer (3 cm)
150 g Möhren
1 Lauchzwiebel
Salz, schwarzer Pfeffer
3 EL Öl
1 EL Fischsauce
gemahlener Zimt
1 Bund Basilikum

Außerdem
4–5 Chinakohlblätter
100 ml Sojasauce
2 EL Reis- oder Sherryessig
1 EL Sesamsamen
1 Stück Ingwer (3 cm)

Zubereitungszeit:
1 Stunde 30 Minuten

Fleisch vermischen. Vom Basilikum die Blätter abzupfen, hacken und untermischen.

4. Aus dem Teig auf bemehlter Fläche eine Rolle formen, diese in etwa 20 Scheiben schneiden. Diese auf bemehlter Fläche zu dünnen Kreisen ausrollen. Je 1 Esslöffel Füllung in die Mitte geben, den Teig darum herum leicht nach oben ziehen und rundherum in Falten legen, sodass die Dim Sum fast verschlossen sind. Nun noch leicht eindrehen.

5. Einen Topf zu einem Viertel mit Wasser füllen, dieses aufkochen. Einen Dämpfer mit Chinakohlblättern auslegen, die Dim Sum hineinsetzen. Zugedeckt 15 Minuten über dem kochenden Wasser dämpfen.

6. Für den Dip Sojasauce, Essig und Sesam verrühren. Ingwer schälen, 1 TL fein abraspeln und unterrühren. Den Dip zu den Dim Sum servieren.

SPEISE

KAMMER

Hier stellen wir von Spaghetti
bis Spätzle und von Rigatoni bis
Ramen die wichtigsten Vertreter
aus dem Reich der Nudeln vor.
Was ihre Besonderheiten sind,
woraus sie bestehen und wie sie
am besten schmecken.

Alles in Wort und Bild zu allen
Sorten, mit denen wir in diesem
Buch kochen und die gut zu be-
kommen sind. Weswegen Exoten
und Firmenkreationen fehlen.
Außer dreien – siehe Seite 229.

Spaghetti

 Sie sind die Urform aller Pasta – in dieser Form haben die meisten von uns italienische Nudeln zum ersten Mal gegessen.

Aglio e olio, Bolognese, Carbonara – allein mit klassischen Rezepten für Spaghetti lässt sich wahrscheinlich das ganze Alphabet füllen, von neuen Kreationen und wilden Kombinationen gar nicht zu reden. Lang, dünn und rund sind die getrockneten Nudeln aus Hartweizen und Wasser weltweit der Inbegriff für Pasta. Spaghetti können im Zweifel für jedes italienische Gericht herhalten – ob mit Sauce, in Brühe oder sogar als Beilage. Von Süditalien aus (Ketzer sehen ihren Ursprung allerdings noch südlicher, im Orient) haben sie den Erdball umschlungen, sodass man sie bei uns sogar in Eintöpfen und in den USA tatsächlich in Dosen finden kann.

So sind sie Je nach Region bzw. Hersteller können Spaghetti etwas variieren, die Klassiker sind aber immer zwischen 20 und 25 Zentimeter lang. Es gibt sie auch in bis zu doppelter Überlänge, aber das ist eher ein italienisches Phänomen für Gabelfetischisten. Auch bei uns zu haben sind die dünneren Spaghettini für leichte und frische Rezepte sowie die dickeren Spaghettoni für reichere Zubereitungen.

(Generell steht bei Pasta »-ini« am Ende immer für eine kleinere Version, »-oni« für eine größere.) Manche Hersteller geben den Spaghetti auch Nummern, um ihre Stärke anzugeben. Vermicelli sind wie Spaghettini ebenfalls eine feinere Form von Spaghetti, in Frankreich und Asien wird dieser Name allerdings für Fadennudeln, die in Suppen kommen, verwendet. Das wiederum sind in Italien die Cappellini, verfeinert Cappellini di Angelo (Engelshaar), die auch mit Meeresfrüchten toll schmecken. Und zum Frittieren sind sie ebenso geeignet. Bei ihnen ist wie auch bei den Spaghetti und ihren Spielarten wichtig, dass sie nach dem Abgießen schnell serviert werden, da alle diese dünnen Nudeln rasch nachgaren. Sollen sie das aber in Sugo oder Suppe (etwa weil die Aromen sich so besonders gut vermählen), werden sie vorher nicht ganz bissfest gegart.

Makkaroni

 Anders als die global stets italienischen Spaghetti haben sich die »Maccheroni« auf ihrem Weg in die Welt vielen Küchen angepasst.

In Griechenland stecken <u>Makkaroni</u> im Pastitsio, in Frankreich in der Soupe au pistou, in den USA in Macaroni Cheese und in Italien kann man je nach Region Verschiedenes unter »Maccheroni« verstehen. Hier im Buch sind damit die spaghetti-langen Hohlnudeln aus Hartweizen gemeint, die es auch in Kurzform gibt – dann nennen wir sie hier <u>kurze Makkaroni.</u>

So sind sie Ursprünglich hat man sie wohl um Halme gewickelt (was mit handgemachten aus Eierteig immer noch geschieht), heute gibt es Makkaroni fast nur getrocknet als sogenannte »Pasta secca«. <u>Bucatini</u> bzw. <u>Perciatelli</u> sind dünner, <u>Ziti</u> dicker – und werden alle oft auch in Kurzform angeboten. Alle sind ideal für herzhaft kompakte Saucen und Aufläufe.

Älplermagronen (Seite 46), Makkaroni Mutti (Seite 60), Mighty Meatball Macaroni (86), Nudelauflauf mit Tomaten und Speck (140), Macaroni Cheese (158), Soupe au pistou (186)

Kurze hohle Nudeln

 Sie sind erstklassige Saucenschlucker, daher kommen die meisten von ihnen aus dem Sugo-Paradies Italien.

Viele <u>kurze hohle Nudeln</u> sind »rigate«, was für eine raue, heute meist gerillte Oberfläche steht, die Saucen besonders gut aufnimmt. Daher der Name <u>Rigatoni</u> für die typischste Sorte – so lang und dick wie ein kleiner Finger und längs gerillt. <u>Tortiglioni</u> sind fast identisch, nur schräg gerillt. <u>Penne</u> (Feder) heißen die schlankeren Röhren

mit schrägem Anschnitt wie einst bei Federkielen. <u>Hörnchen</u> sind gebogen, <u>Pipe</u> (bzw. in Miniform Pipette) haben zusätzlich ein abgeflachtes Ende. <u>Conchiglie</u> haben Muschelform, <u>Ditali</u> erinnern an schlichte Ringe. Sie alle mögen reiche, herzhafte Saucen, geben aber auch Nudelaufläufen und -salaten Halt und Substanz.

Hörnchen mit Speckpesto (Seite 29), Rigatoni mit Tomaten und Feta (67), Conchiglie mit Rotweinleber (89), Parmaschinkennudeln (102), Holsteiner Rühreinudeln (102), Penne mit Tomaten und Speckbohnen (113), Lamb Noddles (125), Nudel-Käse-Kuchen (161)

1 Spaghettini 2 Spaghetti lang
3 Spaghetti 4 Cappellini 5 Penne
6 Pipe 7 Makkaroni kurz 8 Tortiglioni
9 Rigatoni 10 Makkaroni lang
11 Conchiglie

9

8

10

11

Bandnudeln

Sie sind Haus- und Alltagsnudeln, leicht selbstzumachen und oft Grund- oder Beilage für kräftige Ragouts.

Man trifft Bandnudeln eher in Mitteleuropa – vor allem in Deutschland und Österreich, aber auch auf dem Balkan – sowie in Frankreich und in Norditalien an. Überall dort wird ihrem Teig gerne Ei zugegeben, denn so bekommt der verwendete Weichweizen guten Halt und Substanz. Das macht diese Nudeln zugleich gehalt- und geschmackvoller als Hartweizennudeln, weswegen Bandnudeln oft mit kraftvollen Saucen(-gerichten) kombiniert werden, etwa einem Haschee oder Sauce Bolognese. Allgemein sind Eiernudeln etwas elastischer im Biss als Hartweizennudeln und schmecken etwas »fetter«. Man kann Bandnudeln leicht selbst in der eigenen Küche machen (wie, das steht auf Seite 48 und den folgenden), und wir finden sie inzwischen auch oft als »frische« Nudeln in der Kühltheke. Achtung: Beide, selbstgemachte wie frisch gekaufte Bandnudeln, garen wesentlich kürzer als getrocknete Nudeln.

So sind sie Die deutschen Eierbandnudeln sind klassische Beilage zu typischen Saucengerichten, vor allem im süddeutschen Raum. Es gibt sie frisch und getrocknet. Bei der italienischen Pasta entsprechen ihnen die Fettuccine, die zur Familie der Fettucce gehören (unter diesem Namen gibt es auch breitere Bandnudeln, Fettuccelle sind ebenso breiter). Etwas schmäler als Fettuccini sind normalerweise Tagliatelle, die es frisch mit Ei und getrocknet mit oder ohne Ei gibt, dann oft in Nestform. Noch schmaler sind Tagliatellini, Taglierini und die besonders feinen Tagliolini. Auf der anderen Seite der Bandbreite sind die ein bis zwei Finger breiten Pappardelle, die besonders gerne für kräftige Ragouts mit großen Fleischstücken genommen werden. Linguine, Trenette und Bavette sind sehr schmale Bandnudeln aus Hartweizengrieß, die den Spaghetti nahe kommen und oft auch ähnlich verwendet werden. Wie bei denen gilt: rasch nach dem Garen servieren.

Fleckerl & Farfalle

Sie werden wie Bandnudeln aus einem Teigblatt geschnitten, Farfalle dann noch geformt. Oft kommen sie in die Pfanne.

Die für Pfannengerichte verwendeten Fleckerl sind vor allem im Alpenraum beliebt. Für sie schneidet man frisch ausgerollte Eiernudelblätter in Quadrate. Diese dann mit Mehl bestäuben und am besten auf einem Gitter zugedeckt etwas antrocknen lassen. Als Ersatz kann man auch breite Eierbandnudeln oder Lasagneplatten zerkleinern. Für Farfalle (italienisch für »Schmetterlinge«) werden gerädelte Quadrate in der Mitte gestaucht, die Mini-Versionen heißen Farfallini, die Maxis Farfalloni. Sie werden immer aus Hartweizengrießteig geformt.

Kopfsalatfleckerl mit Kernöl (Seite 33), Sauna-Pasta (50), Krautfleckerl (53), Nudeltortilla mit Spiegelei (108), Nudelgröstl mit Zander und Rucola (114), Farfalle-Muffins mit Krabben, Spargel und Safran (136)

Fusilli & Orecchiette

Die einen sind für fast alles zu haben und echte Saucensauger, die anderen haben noch etwas von Bauernnudeln.

Werden schmale Bandnudeln gedreht bzw. gewickelt (man sagt, ursprünglich um eine Stricknadel), sind das Spiralnudeln, in Italien Fusilli. Sie sind besonders beliebt bei Kindern und wegen ihrer Robustheit für Vieles zu haben – vom Auflauf bis zur Suppe, auch zum Salat. Aus Apulien stammen die Orecchiette, benannt nach ihrer einem Ohr ähnelnden Form. Sie sind etwas dicker und rauer, was ihnen einen ursprünglichen Charakter verleiht. Traditionell wurden für sie Rollen aus Nudelteig in dünne Scheiben geschnitten und zu Hütchen gestülpt. Orecchiette schmecken zum einen in sehr puren Zubereitungen, bieten zum anderen aber auch starken Aromen Paroli – so werden sie beispielsweise gerne mit Kohl kombiniert.

Orecchiette mit Linsenbolognese (Seite 72), Milchnudeln mit Traubenkompott (93), Orecchiette mit Pilzen und Meerrettich (110), Rahmspinatnudeln mit Käse (112), Fusilli-Muffins (136), Pasta Margherita (144), Knusper-Kohlnudeln (147), Ofenkartoffelnudeln (148)

1 Fleckerl 2 Bavette 3 Fettuccine 4 Linguine 5 Tagliatelle
6 Pappardelle 7 Fusilli 8 Farfalle 9 Tagliatellini 10 Orecchiette

Gefüllte Pasta

》 **Wenn in Italien Nudeln um eine Füllung geformt werden, nimmt man dort auch am liebsten frischen, elastischen Teig mit Ei darin.** 《

Die bekanntesten und am leichtesten herzustellenden Teigtaschen Italiens sind die Ravioli. Der simpelste Weg zu ihnen ist, eine kompakte Füllung aus Fleisch oder Käse (seltener: Gemüse oder Fisch) auf einer Teigplatte zu verteilen, eine zweite darüber zu legen und dann Quadrate auszuschneiden oder Kreise auszustechen. Dabei werden die Randbereiche zuvor mit Ei bestrichen und danach fest angedrückt. Es gibt auch spezielle Formen dafür, sogar Aufsätze für Nudelmaschinen. Die zweite Methode ist eine mit ein bisschen mehr Handarbeit: Erst Quadrate zuschneiden oder Kreise ausstechen, dann bestreichen, belegen und zu Dreiecken oder Halbmonden zusammenklappen und festdrücken, etwa mit einer Gabel. Dafür wurden aber auch schon spezielle »Teigtaschenzangen« gesehen. Ravioli werden je nach Füllung gerne mit leichten Saucen aus Tomaten, anderen Gemüsen oder Meeresfrüchten serviert. Für Tortellini werden die Teigplatten besonders dünn ausgerollt und dann meist dreieckig, manchmal auch halbmondförmig gefaltete Nudeltaschen hergestellt, die man anschließend noch einmal um die Füllung eindreht, sodass sich die Spitzen überlappen. Sie sind inzwischen fast beliebter als Ravioli, zumindest in den Kühltheken. Bei den Trockennudeln gibt es ohnehin nur diese Sorte gefüllter Pasta (und von Dosenravioli wollen wir hier nicht sprechen.) In der Großversion heißen diese gefüllten Nudeln Tortelloni. Sie werden gerne mit sahnigen Saucen oder in Suppen (»al brodo«) serviert. Die kompakten dicken Rollen für Cannelloni können fertig vorgekocht und getrocknet sein oder auch frisch aus Eiernudelteig geformt werden. Cannelloni füllt man klassisch mit Ricotta und Spinat oder mit Hackfleisch und überbackt sie dann oftmals. Ähnlich zubereitet werden Lasagneblätter, die mit Saucen – traditionell Bolognese und Bechamel – und Käse geschichtet im Ofen garen. Getrocknete Cannelloni-Rollen und Lasagne-Blätter sind fast immer vorgekocht und können direkt zum Füllen verwendet werden.

One-Pot-Gratin mit Tortellini (Seite 150), Ravioli-Auberginen-Gratin (Seite 151), Cannelloni mit Ricotta und Spinat (154), Lasagne al forno (156), Express-Lasagne (157)

220

Teigtaschen

 Sie sind das nordische Gegenstück zu den Ravioli und Tortellini Italiens. Ihre Teige enthalten viel Ei und nicht nur Weizenmehl.

Die bekanntesten hierzulande sind die schwäbischen Maultaschen, die nach Ravioli-Art hergestellt oder nur eingerollt und in Stücke geschnitten sind. Aus den Alpenländern stammen Schlutzkrapfen und Kasnudeln. Erstere haben oft Weizengrieß im Teig, sie werden um eine deftige Füllung herum zu Halbmonden zusammengeklappt. Kasnudeln bestehen aus zwei runden Teigscheiben, zwischen die reichlich kompakte Füllung aus Käse und Kartoffeln kommt. Ihre Ränder werden kunstvoll gefaltet oder einfach mit der Gabel festgedrückt. Beide werden in siedendem Wasser gegart und mit geschmolzener bis gebräunter Butter serviert.

Kärntner Kasnudeln (Seite 54), Schlutzkrapfen mit Rotweinzwiebeln (55),
Großis Maultaschen (56)

Asiatische Teigtaschen

 **In oft filigranem Teig werden ungewöhnliche Füllungen gedämpft, gekocht, geschmort. Dazu gibt es gerne einen kräftigen Dip.**

Ob China oder Japan, Szechuan oder Singapur – in Asien sind Teigtaschen zumeist etwas Leichtes zum Anschmecken, etwa als Dim Sum aus dem Dämpfkorb oder als Suppeneinlage. Chinesische Wantan können Vorspeise wie Hauptgericht sein. Oft werden sie fertig gekauft, zumindest aber die Teigblätter, mit denen man dann die Nudeltaschen selbst fertigt. Es gibt die Blätter tiefgekühlt in Asialäden. Die klassische Füllung für Wantans besteht aus Schweinehack und Garnelen. Jiaozi sind aus dickerem Teig mit Roggenmehl darin, sie werden angebraten und in Sud geschmort. Zwischen Wantan und Jiaozi liegen japanische Gyoza – zarte Teigblätter mit Schweinefleischfüllung, die gebraten, dann gedünstet werden. Xialangbao sind kunstvoll gefaltete Teigsäckchen, die man als Dim Sum dämpft und mit einem Dip serviert.

Wantan-Suppe (Seite 192), Geschmorte Jiaozi mit Garnelen (208), Dim Sum mit Lamm
und Möhren (209)

1 Gyoza 2 Schlutzkrapfen 3 Wantan-Blätter 4 Ravioli
5 Tortelloni 6 Tortellini 7 Xialangbao 8 Maultaschen

Mie & Hokkien

 Manche Nudelsorten Asiens sind ganz ähnlich wie unsere europäischen – vor allem die aus Weizenmehl.

»Mie«, »Mi« oder »Mee« heißt im Chinesischen einfach »Nudeln« – dieses Wort steckt beispielsweise auch in Bami goreng. Heute steht es vor allem für die langen und damit ein langes Leben versprechenden dünnen Band- oder auch Fadennudeln, die artistische Handwerker mit den bloßen Fingern aus Weizenmehl, Wasser und auch Ei formen können. Auf manchen Märkten Asiens kann man das noch beobachten, doch die meisten Mie sind dort inzwischen fertig getrocknet zu haben, ebenso wie in den Asialäden bei uns. Wie die stets mit Ei zubereiteten dicken runden Hokkien eignen sie sich gut zum Braten und Wokken, aber auch für Suppen.

Asia-Nudeln mit scharfem Kürbis (Seite 32), Eiernudeln mit Möhren-Sugo (75), Gebratene Eiernudeln mit Kürbis (121), Bami Goreng (122), Noodle-Curry-Pudding (143), Kalte Hokkien mit Huhn und Sichuan-Sauce (178), Singapore Laksa (194)

Ramen, Udon, Somen

 In Japan haben Weizennudeln einen hohen Stellenwert, vor allem in der Suppe.

Ursprünglich auch aus China stammend, wurden Ramen in Japan zur Kultsuppennudel, die inzwischen die ganze Welt liebt. Gute Ramen in einer kräftigen Brühe können beglücken – die Tütenversion gibt nur eine Ahnung davon. Weniger bekannt, aber eine umso sinnlichere Köstlichkeit sind die dicken, weiß leuchtenden schlüpfrigen Udon aus Weichweizen, die sich so herrlich mit der japanischen Grundbrühe Dashi einschlürfen lassen – am besten schmecken sie gleich nach dem Garen. Somen sind besonders feine japanische Weizennudeln, die meist kalt oder in Brühe serviert werden.

Ofennudeltöpfchen mit Meeresfrüchten (Seite 152), Pilz-Lauch-Suppe mit Miso und Somen (182), Udon mit Lachs und Gurken (191), Ramen mit Schwein (197)

Reisnudeln

>> **Vor allem in Südostasien jenseits des »Weißmehläquators« werden diese Teigwaren hergestellt.** <<

Reis wächst im tropischen Klima weit besser als Weizen, und so haben ihn Thailänder und Vietnamesen, Koreaner und Südchinesen für ihre Nudeln entdeckt. Meist bestehen die aus Wasser und dem fein gemahlenen Korn des »Oryza«, manchmal ist auch noch Stärke dabei, das macht die gekochte Nudel transparenter.

Reisnudeln werden in Suppen und Salaten verwendet oder im Wok gebraten, oft mit aromatischen Würzsaucen dabei. In Südostasien kann man sie auch frisch bekommen, bei uns gibt es sie nur getrocknet. Die meist länglichen Nudeln können hauchdünn bis fingerbreit sein, es gibt aber auch dicke Bänder und »Fleckerl«,

Reisnudeln mit Korianderpesto (Seite 23), Gebratene Reisnudeln mit Garnelen (120), Easy Pho bo (200)

Glasnudeln & Soba

 >> **In der Form (meist lang und dünn) überraschen sie wenig, dafür im Inhalt: Mungobohne, Buchweizen – alles drin.** <<

Glasnudeln werden aus Stärke gemacht, die meist aus Mungobohnen stammt. Sie sind oft sehr fein wie Fadennudeln und nach dem Garen völlig transparent. Manche Sorten müssen nur eingeweicht werden, andere kurz kochen. Man kann sie in Suppen und Salaten finden, seltener im Wok – außer sie werden frittiert, was sie spektakulär aufpuffen lässt. Japanische Soba bestehen aus Buchweizen,

wobei ihnen für besseren Halt oft etwas Weizen beigemischt wird. Sie gelten als die Krönung der japanischen Nudelwelt, Soba-Meister genießen auf der Insel eine ähnliche Verehrung wie ihre Sushi-Kollegen. Soba werden traditionell im Sommer kalt mit Dip serviert und im Winter mit einer kraftvollen Brühe. Ihr Kochwasser gilt als besonders gesund und wird wie Tee zum oder nach dem Essen getrunken.

Soba-Nudeln mit Kaviarbutter (Seite 37), Nudeltempura mit Meeresfrüchten (118), Roastbeef mit Glasnudeln (170), Kalte Soba mit Soja-Rettich (177), Pork Noodle Salad (180)

5

6

1 Glasnudeln 2 Somen 3 Soba 4 Reisnudeln 5 Mie 6 Hokkien

Spätzle, Schupfnudeln und Gnocchi

>> **Sie sind echte Eigenteigler und trotzdem Legenden der Nudelwelt. Vor allem, wenn sie selbst gemacht werden.** <<

Inmitten der Mainstream-Pasta und allgegenwärtigen Asia-Nudeln gibt es einige ganz spezielle Arten von Teigwaren. Deren Anhängerschaft ist überschaubarer als die Masse der Spaghettisti und Ramen-Ninjas, aber dafür umso treuer – denn schließlich sind diese Fans mit ihren »Nudeln« groß geworden, die oft noch zu Hause selbst gemacht wurden.

So sind sie Frisch gemachte Spätzle mag eigentlich jeder, der sie einmal probiert hat. Der vor Ei nur so strotzende Teig braucht keine Maschinen, Teigroller und -rädchen. Er wird nach dem Schlagen direkt vom Brett, durch die Presse oder den Hobel ins kochende Wasser gebracht. Nur wenige Augenblicke später wandern die Spätzle ins eiskalte Wasser (außer bei Kässpatzen), was sie fester macht, um dann kurz in Butter geschwenkt zu werden. Spätzle gibts traditionell zu Schmorbraten und Ragouts aus dem Süddeutschen, gerne mit etwas Rahm in der (reichlichen) Sauce – die vor allem Kinder auch pur dazu mögen. Spatzen sind größer, Knöpfle und Nockerl eher kleiner und rund.

Sie alle gibt es auch zu kaufen, frisch in der Kühltheke, Spätzle auch bei den Trockennudeln. Schupfnudeln werden aus Kartoffelteig mit Ei und Mehl, zum Teil auch Grieß und Stärke darin geformt, die Kartoffeln können heiß oder kalt verarbeitet werden. Beim Rollen zwischen den Handflächen erhalten sie ihre typische fingerdicke Form mit den Spitzen am Ende – daher heißen sie im Badischen auch »Bubespitzle«. Sie werden nach dem Sieden gebraten und als Beilage oder eigenes Gericht serviert, dann am liebsten mit Sauerkraut und Speck.

Irgendwo zwischen Schupfnudeln und Knödeln lassen sich die norditalienischen Gnocchi einordnen, die meist aus heiß geriebenen oder gepressten gegarten Kartoffeln der mehligkochenden Sorte und Mehl zubereitet werden. Ei braucht's dann eigentlich nicht, was die Gnocchi schön nach Kartoffeln schmecken lässt. Die »Knödelchen« werden nach dem Sieden in Butter mit Kräutern (z. B. Salbei) oder anderen Aromen geschwenkt, Tomaten und Käse passen auch gut zu ihnen.

Kritharaki, Tarhonya, Buchstabennudeln

> **Auch getrocknet gibt es echte Unikate im Reich der Nudeln, die wie die frischen Spezialsorten oft nur in einem Land vorkommen.**

Italien ist sicher das Nudelland mit der größten Formenvielfalt von Spaghetti bis Farfalle, dafür macht sich Asien um eine Vielzahl von verschiedenen Mehlen und Stärken verdient, aus denen die dortigen fast immer langen und dünnen Teigwaren gemacht sind. Doch gibt es Regionen, die darüber hinaus ihre ganz eigenen Sorten kultivieren – gerade weil sie sonst nicht typische Nudelgebiete sind.

So sind sie In Griechenland wird am liebsten Reis zu vielen Gerichten gegessen. Da ist es nicht erstaunlich, dass auch die Nudeln diesem Vorbild folgen: Kritharaki besitzen die Form eines größeren Reiskorns, werden aber aus Wasser und Hartweizen hergestellt. Sie können ähnlich wie Reis quellen oder wie Risotto dünsten und dabei die gesamte Flüssigkeit aufnehmen – so werden sie oft als Beilage serviert. Oder sie garen in sprudelndem Salzwasser für Salate, Aufläufe oder Pfannengerichte. Ihre italienischen Gegenstücke heißen Orzo oder Risoni, und

diese Form gibt es auch im arabischen Raum. Ein richtiges Unikat sind Tarhonya aus Ungarn. Für sie wird ein sehr fester Eiernudelteig geformt, der dann gerieben, manchmal auch durchgepresst wird, sodass kleine Stückchen entstehen, die dann komplett trocknen. Die so lange haltbaren Tarhonya können wie die Kritharaki quellen und dünsten, fast immer sind sie Beilage. Das letzte Wort gilt aber den Buchstabennudeln, die wir bisher immer für ein rein deutsches Phänomen hielten, im Internet aber auch auf Kindheitserinnerungen aus Italien (Alfabete!), Spanien, Russland bis hin zu den USA, Kanada und Australien (Alphabet Soup!) stießen. Manche Eigenheiten bleiben halt auch weltweit eigen – vor allem wenn ihr Sinn immer aufs Neue so rätselhaft ist wie der einer Buchstabensuppe. Was vielleicht auch eine Erklärung dafür ist, warum die ganze Welt die Magie der Nudel mag.

Pasta Pisi (Seite 44), Avgolemono mit Garnelen und Kritharaki (188)

5

4

6

7

1 Knöpfle 2 Spätzle 3 Buchstabennudeln 4 Kritharaki 5 Gnocchi 6 Risoni 7 Schupfnudeln

Rezeptregister A–Z

Nudelsortenregister

Zutatenregister

SEBASTIAN DICKHAUT

Fragen, Antworten und Dankeschön

Sebastian Dickhaut (Jahrgang 1963) lebt, schreibt und kocht in München. Aktuell steht er für das Format »Echtzeitkochen« bei Kabel 1 regelmäßig vor der Kamera und leitet die Küche des früheren Gasthauses Drei Rosen in Dießen am Ammersee. Dort betreut und fördert das SOS-Kinderdorf geflüchtete Jugendliche aus Afrika und dem Orient. Deren Lieblingsessen? Natürlich was mit Nudeln!

Warum ein Nudelbuch?

Gute Frage. Kartoffeln oder Reis können praktisch so in den Topf, wie sie geerntet werden. Und trotzdem lieben alle diese verschlungenen Dinger, für die erstmal geknetet, geschnitten und dann nochmal getrocknet werden muss. Und wenn nicht noch eine Sauce dazu gekocht wird, ist's auch meistens nix.

Okay – und warum machen wir das jetzt alles?

Weil Nudeln einfach wunderbar sind, magisch. Irgendwas passiert da auf dem Weg vom Getreidekorn zum Spätzle, das uns das Herz aufgehen lässt, wenn wir sie in den Mund stecken.

Nudeln sind für Sie also nicht nur Pasta?

Och, erst mal schon. Pasta asciutta war mein erstes Nudelgericht und Spaghetti mit Ketchup erst einmal mein liebstes – auch weil ich es mir ganz leicht selber machen konnte. Und dann ist da noch Tante Erika, die lange in Italien gelebt hat. Die schenkt mir immer noch mit jedem Teller Pasta ein bisschen Dolce Vita.

Dabei sollen die Italiener die Pasta ja gar nicht erfun...

Pssst, so was sagt man nicht! Beim Ferrari fragt ja auch keiner, wer das Auto erfunden hat, der ist einfach Italien pur. Und wenn ich einen tollen Kuss krieg, denk ich doch nicht »Wo hat sie das denn her?«, sondern genieße einfach. So wie alle Welt italienische Pasta genießt.

Aber Sie haben da noch eine andere Affäre ...

Ihr meint Asia-Nudeln, oder? Stimmt, die habe ich in Australien und vor allem in Japan entdeckt. Eine Suppe mit Udon schlürfen oder an frittierten Glasnudeln knabbern, das hat einfach was, da habe ich Nudeln noch mal ganz neu kennengelernt. Aber so ein Topf Krautfleckerl oder ein knuspriger Nudelauflauf, das ist auch was Tolles.

Und was haben Sie bei der Arbeit an diesem Buch neu kennengelernt?

Das Selbermachen. Außer bei Spätzle war ich da immer zu faul dazu. Aber so ein Teller mit erst kurz davor frisch gemachten Eierbandnudeln, darüber ein paar Spritzer Zitrone, Olivenöl, Salz und Pfeffer schön grob, vielleicht noch ein bisschen Parmesan – das ist noch mal eine ganz andere Welt. Ach, Nudeln sind einfach ein Wunder. www.sebastian-dickhaut.de

Dankeschön

… an die ebenso geduldigen wie gewissenhaften Testköchinnen und Testköche Markus und Corinna Beer, Kerstin Getto, Inés Gutierrez, Sonja Herpich und Thomas Rau.
… an die Künstlerin Marije Vogelzang, die mir das Nudelrezept aus Ihrer Pasta Sauna verraten und meine Home-Version akzeptiert hat. www.marijevogelzang.nl
… an »Großi« Wilma Krieger, die mir ihr schwäbisches Familienrezept für Maultaschen vertrauensvoll überlassen hat.
… an Tante Erika, die mir den Geschmack von Bella Italia als erstes nahegebracht und die für dieses Buch ihr großes Nudelwissen mit uns geteilt hat.
… an das inspirierende Team, das auch diesmal ganze Arbeit aufs Allerbeste und Allerschönste geleistet und damit dieses Nudelbuch zu einem besonderen gemacht hat.

Er kocht, schreibt, veranstaltet, kreiiert – und redet immer gerne mit den Leuten über Kochen, Essen und Leben: Sebastian Dickhaut.

Impressum

Hinweis

Die Ratschläge in diesem Buch sind von Autor und Verlag sorgfältig erwogen und geprüft. Dennoch kann eine Garantie nicht übernommen werden. Eine Haftung des Autors bzw. des Verlags und seiner Beauftragten für Personen-, Sach- und Vermögensschäden ist ausgeschlossen.

Sollte diese Publikation Links auf Webseiten Dritter enthalten, so übernehmen wir für deren Inhalte keine Haftung, da wir uns diese nicht zu eigen machen, sondern lediglich auf deren Stand zum Zeitpunkt der Erstveröffentlichung verweisen.

Bildnachweis

Fotografie Maria Grossmann, Monika Schuerle
Foodstyling Petra Speckmann
Assistenz Lukas Großmann
Autorenfoto Seite 239: Patrick Meroth

Projektleitung Anja Halveland
Layout *zeichenpool, München;
Grafikdesign Hansen – Jan-Dirk Hansen (4–19)
DTP, Gesamtproducing
Grafikdesign Hansen – Jan-Dirk Hansen
Redaktion Claudia Lenz, Essen
Bildredaktion und Organisation der
Fotoproduktion Sabine Kestler
Korrektorat Susanne Langer
Reproduktion
Mohn Media Mohndruck GmbH, Gütersloh
Druck und Bindung
DZS Grafik, Ljubljana

Printed in Slovenia

Verlagsgruppe Random House FSC® N001967

ISBN 978-3-8094-3852-6